EDUARDO SUPLICY

UM JEITO DE FAZER POLÍTICA

COM MÔNICA DALLARI

CONTRACORRENTE

Copyright © EDITORA CONTRACORRENTE
Alameda Itu, 852 | 1º andar |
CEP 01421 002
www.loja-editoracontracorrente.com.br
contato@editoracontracorrente.com.br

Editores
Camila Almeida Janela Valim
Gustavo Marinho de Carvalho
Rafael Valim
Silvio Almeida
Walfrido Warde

Projeto, pesquisa e texto final: Mônica Dallari
Edição: Jorge Félix
Entrevista e redação: Marina Novaes
Textos de apoio: Evanildo da Silveira
Apoio: Ana Rafaella Flores
Coordenação de projeto: Juliana Daglio
Revisão: Marcelo Madeira
Revisão técnica: João Machado e Amanda Dorth
Diagramação: Antonio Kehl
Capa: Maikon Nery
Foto da capa: Cynthia Barros

Equipe de apoio
Fabiana Celli
Carla Vasconcellos
Fernando Pereira
Lais do Vale
Valéria Pucci
Regina Gomes

Dados Internacionais de Catalogação na Publicação (CIP)
(Câmara Brasileira do Livro, SP, Brasil)

Suplicy, Eduardo
  Um jeito de fazer política / Eduardo Suplicy, com a colaboração de
Mônica Dallari. -- São Paulo, SP : Editora Contracorrente, 2021.

  ISBN 978-85-69220-83-1

  1. Políticos – Brasil – Autobiografia 2. Suplicy, Eduardo Matarazzo,
1941– I. Dallari, Mônica. II. Título.

21-87161   CDD-320.092

Índices para catálogo sistemático:
1. Políticos brasileiros : Vida e obra 320.092
Eliete Marques da Silva – Bibliotecária – CRB-8/9380

@ @editoracontracorrente
f Editora Contracorrente
🐦 @ContraEditora

Dedico este livro aos 52 milhões de jovens brasileiros que sonham em transformar o Brasil em uma sociedade mais justa, igualitária, solidária e fraterna.

Na grande maioria dos povos nativos das Américas, o sonho é uma instituição que a gente coabita. A gente habita esse mundo cotidiano e habita também um outro mundo, que é onde o sonho ensina a gente o tempo inteiro. O sonho não é um evento excepcional, é uma experiência que ajuda a formar a pessoa.

Ailton Krenak[1]

[1] Escritor, ambientalista e líder indígena, Ailton pertence à etnia Krenak. Uma das maiores lideranças do movimento indigenista brasileiro, com reconhecimento internacional. É autor dos livros *Ideias para adiar o fim do mundo*, *O amanhã não está à venda* e *A vida não é útil*.

SUMÁRIO

AGRADECIMENTO

Muitíssimo obrigado à Mônica Dallari, esta jornalista e escritora de extraordinária qualidade, responsável, primeiro, pela ideia de escrever o livro sobre os *Meus 24 anos no Senado*, desde fevereiro de 1991 até janeiro de 2015, desde Fernando Collor de Mello até Dilma Rousseff. Ela analisou todos os meus pronunciamentos, pesquisou o noticiário da imprensa durante todo esse período, consultou uma porção de livros sobre os acontecimentos e conversou com os mais diversos personagens de cada episódio. Com formidável disciplina, primeiro nos reunimos com Marina Novaes, em diálogo em que nós três conversamos sobre momentos da minha vida pública como senador. E assim fomos colocando no papel esses relatos que, acredito, muito podem servir aos pesquisadores da história do Brasil, e também para aquelas pessoas que querem saber melhor o que faz um representante do povo; o que possibilita a um senador, que mereceu a confiança dos eleitores, a contribuir para a construção de um Brasil melhor e mais justo.

O projeto inclui um segundo volume, em que trato especificamente das minhas atividades como senador dentro do Senado Federal, que será lançado em 2022. Agradeço ao editor Rafael Valim por ter se entusiasmado com o registro de histórias importantes da minha vida.

Quero lhes dizer que Mônica Dallari foi sempre uma fonte de inspiração que tanto me estimulou a enfrentar episódios e decisões difíceis e que compartilhou os ideais maiores que desejamos para nossa pátria. Também ajudou a perceber, por exemplo, as vantagens tão significativas da Renda Básica de Cidadania ao constatarmos, nas vilas rurais do Quênia, que a violência doméstica contra as mulheres havia diminuído 51% após dois anos da experiência. E que teve tanto cuidado com a boa redação do livro. Fica aqui registrado o meu agradecimento.

"O homem (tenho esperança) liquidará a bomba",
em *A Bomba*, de Carlos Drummond de Andrade.

APRESENTAÇÃO

O JEITO DE FAZER POLÍTICA DE EDUARDO SUPLICY

Eduardo Matarazzo Suplicy é um ser humano extremamente curioso, disposto a experimentar o novo, a explorar o desconhecido e a aprender com o diferente e para cumprir a sua missão de vida: a busca pela justiça. Sensível a injustiças, e para satisfazer o desejo incontrolável da sua curiosidade, esmiúça e desafia o estabelecido para desvendar a verdade, seu princípio vital. É um humanista admirador das artes. Persistente e insistente, não se dá por vencido facilmente. Sente prazer em ver, ouvir e descobrir o incomum, o inédito e o extraordinário. Uma pessoa curiosa e inquieta que se arrisca sem medo, por isso é tão criativo e obstinado. Por consequência, também provoca muita curiosidade.

A proposta inicial do livro surgiu quando Suplicy recebeu, no final de 2014, o convite das editoras Débora Guterman e Tatiana Vieira Allegro, da Benvirá, para que escrevessem sua autobiografia. A ideia não o sensibilizou, estava bastante ocupado, tinha ainda muito por fazer. Como alternativa, sugeri a ele que aproveitasse a oportunidade para contar como foram os 24 anos que passou como representante de São Paulo no Senado Federal, de fevereiro de 1991 a fevereiro de 2015. Primeiro senador eleito pelo Partido dos Trabalhadores – partido que ajudou a fundar, em 1990 e no primeiro ano do governo de Fernando

Collor de Mello, o primeiro presidente eleito diretamente pelo povo após 25 anos de ditadura militar na primeira eleição para o legislativo federal após a promulgação da Constituição de 1988. Sua atuação chamou atenção pela agilidade, dedicação, onipresença, transparência, coerência, meticulosidade e persistência.

Conhecido pelos paulistas, Suplicy foi eleito pela primeira vez deputado estadual pelo MDB de São Paulo, em 1978; depois deputado federal pelo PT, em 1982; candidatou-se a prefeito de São Paulo, em 1985, e a governador, em 1986, não se elegendo nas duas vezes; tornou-se o vereador mais votado da história do Brasil em 1988, o que lhe possibilitou presidir a Câmara Municipal de São Paulo e promover uma grande devassa administrativa. Finalmente, em 1991, ele se elegeu senador e passou a estar diariamente no cenário político nacional, sendo reeleito em 1998 e 2006. Em 2016, Eduardo Suplicy foi eleito vereador em primeiro lugar, com 301 mil votos, quando 1.315 candidatos disputaram uma vaga. Em 2020, foi reeleito com 167 mil votos, liderando novamente a votação entre 1997 candidatos. Nas três eleições que disputou para uma cadeira no legislativo municipal, Suplicy teve a maior votação para vereador não apenas de São Paulo, mas do Brasil.

Logo se percebeu que o político Eduardo Suplicy era diferente porque agia como um homem comum, acessível, como qualquer um de nós. Ele não correspondia ao estereótipo do político, não desaparecia das vistas do eleitor depois de eleito. A atuação dele no Senado surpreendeu os próprios aliados. Suplicy estreou a tribuna do Senado, em 1991, dando as boas-vindas aos dirigentes da CUT que ocupavam a Tribuna de Honra. O deputado federal Vicentinho (PT-SP), na época presidente do Sindicato dos Metalúrgicos de São Bernardo do Campo e Diadema, depois presidente da Central Única dos Trabalhadores e primeiro suplente de Suplicy no seu segundo mandato como senador (1999-2007), lembra do estranhamento ao conseguir falar diretamente com ele sempre que telefonava. Se não pudesse atender, retornava assim que possível a ligação. Nunca ficou sem retorno. O celular facilitou ainda mais.

O coordenador do Movimento dos Trabalhadores Sem Terra, João Pedro Stedile, lembra ter identificado o senador Suplicy como um valoroso combatente que defendia no Senado os interesses da classe trabalhadora, do povo e, em particular, dos camponeses sem terra.

> Mais além de seus pronunciamentos na tribuna, o que mais impressionava nossa gente era a disponibilidade do senador em ir aos nossos espaços, em acampamentos, assentamentos e marchas. A sua presença, além de transmitir energias positivas, era vista como demonstração de igualdade e de humildade.

Eduardo Suplicy é um homem incansável. Desenvolvemos uma parceria profissional produtiva e eficiente por afinidade de princípios, ideias e ideais. Nos relacionamos pessoalmente por um tempo, mas a nossa ligação sempre foi de trabalho, por compartilharmos objetivos de vida e acreditarmos que a conscientização das pessoas muda o mundo. Naturalmente, assumi a condução do projeto.

Definido o objetivo do livro, uma publicação com 24 capítulos, referentes ao tempo como senador, iniciei a leitura dos 3.009 pronunciamentos proferidos na tribuna do Senado. Foi então que me deparei com o desafio de eleger algumas histórias diante de milhares de boas histórias. Tive a mesma impressão de um sem-número de pessoas que se surpreendem com a sensação de que Suplicy é onipresente e consegue estar em diversos lugares ao mesmo tempo, seja em São Paulo, Brasília ou em alguma parte do mundo onde se discuta a Renda Básica de Cidadania.

A ideia do livro era Suplicy relatar as histórias em primeira pessoa e contextualizá-las no momento político. Eu preparava uma ampla pesquisa, com consulta aos jornais e revistas da época, para que ele lesse e se recordasse dos acontecimentos. Depois, junto com a historiadora e advogada Marina Novaes, gravávamos entrevistas que iam para o papel para depois serem editadas. Entretanto, ao começar o trabalho, nos deparamos com uma infinidade de fatos imprescindíveis sobre os mais diversos assuntos também imprescindíveis. Os temas pareciam se reproduzir infinitamente. Quanto mais procurava, mais achava boas e novas histórias. O livro cresceu e os 24 capítulos se mostraram insuficientes.

Feitas as entrevistas e redigidos os textos, o editor e jornalista Jorge Felix assumiu a edição e logo vimos que apenas um livro não seria suficiente para tantas informações relevantes. Fizemos então um corte. Neste primeiro volume, decidimos falar do homem público Eduardo Suplicy e do seu jeito de fazer política. As histórias vão além do Senado, como a presença constante dele em shows dos Racionais, na Favela da Godoy, no Capão Redondo, e sua relação com o rapper Mano Brown; se inteirando dos problemas indígenas ao conhecer o Parque Yanomami; dormindo na Casa de Detenção para evitar novo massacre de presos; acompanhando a violenta desocupação do Pinheirinho, em São José dos Campos; defendendo o Teatro Oficina; ou apresentando os resultados transformadores para as mulheres na experiência da Renda Básica de Cidadania no Quênia. E por acreditar tanto no sucesso desse projeto, que registrou a queda em 51% da violência doméstica, sugeri ao Suplicy que usasse uma camisa pink na foto de capa do livro. Afinal, esse é o seu jeito de fazer política.

A segunda publicação, *Meus 24 anos no Senado*, prevista para 2022, irá seguir a cronologia, dividida de acordo com os períodos de governo de cada presidente, começando por Fernando Collor de Mello, em 1991, quando Suplicy se elegeu como um senador de oposição; passando por Itamar Franco e Fernando Henrique Cardoso; até chegar nos governos Lula e Dilma, quando se tornou um senador de situação, que por vezes incomodava. Suplicy recorda a sua atuação no Congresso Nacional em momentos importantes da história do Brasil, como nas CPIs de PC Farias, dos Anões do Orçamento e dos Correios; no debate sobre as privatizações e sobre a reeleição no governo Fernando Henrique; nas prévias presidenciais do PT; na viabilização dos projetos de Renda Mínima, Bolsa Família e Renda Básica de Cidadania; na importante vitória do presidente Lula; e na insistência em escrever 34 mensagens para que a presidenta Dilma Rousseff o recebesse, além do sucesso dos 13 anos de governo do PT.

A intenção do livro era ilustrar com histórias o jeito de fazer política de Eduardo Suplicy, o jeito, com ética e honestidade, sempre no interesse público da coletividade. Para os jovens, diante do caos atual, espero que o livro sirva de inspiração, que seja uma luz de otimismo no fim desse túnel sombrio. Quem iria acreditar que a ideia da Renda Básica, dita e repetida incansavelmente milhões de vezes pelo Suplicy nos últimos 30 anos, hoje se tornaria uma realidade no mundo? Ao completar 80 anos de vida, Eduardo Suplicy, com o seu jeito de fazer política, nos deixa como ensinamento que vale a pena insistir e persistir nos nossos sonhos.

Quero fazer dois agradecimentos especiais. O primeiro a Jorge Félix, hoje um jornalista especialista em Economia da Longevidade, que aceitou abrir espaço na sua intensa agenda de trabalho para editar o livro e repetir a parceria de sucesso que tivemos, cobrindo política, na primeira metade da década de 1990, na sucursal de São Paulo do Jornal do Brasil. Foi por meio dele que chegamos à Editora Contracorrente. Quando ofereceu o projeto ao editor Rafael Valim, que prontamente abraçou a ideia e nos recebeu de braços abertos. Obrigado pela animação, Valim!

Boa leitura!

Mônica Dallari[1]

---

[1] Mônica Dallari é jornalista, trabalhou no Jornal do Brasil, Folha de S. Paulo, TV Cultura, Rede Globo, no Arquivo do Estado de São Paulo e na Companhia de Notícias e é autora do livro *Cooperativa dos Vendedores Autônomos do Parque do Ibirapuera*.

PREFÁCIO

RESPEITO NA PERIFERIA: ELE SEMPRE ESTEVE LÁ

Falar sobre Eduardo Suplicy? Quem convive com as pessoas ouve a respeito dele o quê? É talvez um dos únicos – talvez exista mais uma ou duas pessoas – com tanto respeito na periferia entre os jovens, entre os negros, entre a rapaziada da arte, entre os caras de vanguarda do rap. Vários setores da periferia, não só da música, entendem que o Eduardo Suplicy é um cara certo. No Brasil, quando você tem o rótulo de ser certo, não é pouca coisa. Aí muitos vão dizer: mas ser certo é obrigação. Ser certo é obrigação, mas dentro do Brasil ser certo tem o peso de dez. A gente sabe que fazer o certo é obrigação, mas no Brasil a obrigação é muito maleável. Quando você fala: é um cara certo, ele é muito certo. Não é só certo. É um cara muito fiel.

A periferia não destila elogios à toa, entendeu? Ela tem senso político. E tem também o que parece ser. Ela não é só o que é, é também o que parece ser. O Suplicy é e parece ser, e a periferia se agrada disso. De ele parecer ser e realmente ser. Então eu ouço relatos de pessoas que dizem: "o Suplicy respondia cartas à mão quando eu estava preso no interior de São Paulo. Ele respondeu uma carta minha. Eu achava que não existia vida até o senador responder minha carta". O cara já tinha um alto cargo. O que leva um cara com tanta responsabilidade e com tanta autoridade responder a carta de um preso comum, de próprio punho!?

Então essas coisas têm muito símbolo, têm muito peso no imaginário e na concepção do que é certo, do que é verdadeiro, vamos dizer assim, do que realmente é mais admirável. Esta é a ideia que eu tenho sobre Suplicy ao longo da minha vida na música e no engajamento no movimento negro, no movimento da esquerda, nos movimentos por justiça social de ações afirmativas, de justiça, e de direitos humanos. Em toda a concepção de justiça entre os povos e entre as classes, é ali que o nome do cara aparece com muita força.

Tive também a sorte e o privilégio de estar ao lado dele em uma palestra em unidade da Febem, no dia 24 de junho de 2003. Foi uma coisa que eu nunca esqueci, e eu falo pra todo mundo como é o cara trabalhando num lugar como aquele, onde ninguém gostaria de estar. Que tipo de envolvimento emocional tem um cara, do alto da autoridade dele? Que tipo de envolvimento emocional com aqueles moleques ali, cumprindo uma pena, num sistema de detenção juvenil? Que nível de envolvimento emocional e verdade tem um cara com aqueles garotos, que poderiam estar olhando para ele sem entender nada? Ou confundir ele com mais um professor que vai lá?

Nesse dia foi diferente. Eu estava lá. Eu fui testemunha. Como um cara consegue explicar uma coisa tão difícil e fazer parecer tão fácil? E conseguir a atenção daqueles caras que não se envolvem com quase nada? Eu estava lá, eu vi. Eu vi os caras com os olhos arregalados ouvindo-o falar sobre justiça social e a atenção na ideia da Renda Básica de Cidadania, um termo até então difícil de compreender, mas que se tornou fácil durante aquela reunião com os internos da Febem. E ali todo mundo virou aluno. Eu também virei aluno.

Eu acho que você só consegue ter a atenção daqueles caras, você só consegue levar uma ideia daquela, num lugar como aquele, e ter êxito, se você for perito no que você tem pra passar. Não basta você ter envolvimento emocional, ter vontade, mas não saber do que está falando. Aí você junta duas coisas muito sérias, que é o conhecimento de causa do cara e a disposição e a coragem de levar isso na Febem, um lugar para onde ninguém quer ir. Eu como um artista do rap, contestador, estando presente ali, eu pensei: é muito sério isso aí. Eu sou mais jovem do que ele, uma ou duas gerações talvez, pensei no tamanho do compromisso que eu teria pela frente de não poder negligenciar depois de eu ter visto isso. É muito sério.

Do relato pessoal que eu tenho pra falar sobre o Suplicy, fora os meus problemas pessoais, que ele me ajudou, mas analisando a capacidade de um cara de exercer o que ele está propenso a fazer, o que ele se ofereceu a fazer, o que eu entendo do que é certo, é o que me impactou. Eu me lembro do Suplicy ainda muito antes de ser apresentado a ele. A gente foi se aproximando com o tempo. Eu lembro da campanha dele de 1985, eu já simpatizava com a ideia, mas eu nem votava ainda.

Em sessão para debater a diminuição da maioridade penal de 18 para 16 anos, em 27 de abril de 2007, Eduardo Suplicy leu na Comissão de Constituição e Justiça do Senado, presidida pelo senador Antônio Carlos Magalhães (PFL), a letra da música "Um homem na estrada" dos Racionais. Foi uma coisa que na época, foi bem antes da Internet, foi muito propagada no nosso meio, no meio do hip hop, na galeria, no movimento, todo mundo falou muito. "Olha só o senador, cantou até uma música nossa…". Foi a primeira vez. Eu me lembro do Antônio Carlos Magalhaes olhando, dando risada, tentando fazer os caras rirem, tentando diminuir a importância da ideia do que estava tentando passar, como se fosse só uma coisa engraçada. Mas era o prenúncio de uma coisa que estava acontecendo no Brasil. Estava levando uma ideia do que o povo estava cantando pela rua.

Quando um cara como o Suplicy se coloca do lado de um grupo de rap, que estava ali sendo a voz daquela multidão, daquela massa, e daquelas ideias da época, e ele sendo um cara de peso da ideia e da política brasileira, já era um cara grande no Brasil, deu uma espécie de segurança, um conforto, e uma confiança para todos nós, de se sentir abraçado por alguém que pode estar lá em cima brigando por nós e falando por nós. Essa segurança que a gente sente que falta hoje.

A gente tinha naquela época um cara do peso dele, comungando da mesma ideia que nós, falando das ideias por aí e aparecendo ao lado do Mano Brown nos problemões. Era como se ele estivesse colando com todos os outros caras. Tanto que a identificação dos demais veio também por meio disso, de sentir ele próximo. O cara estava lá na televisão, estava em Brasília, estava falando lá, mas poderia também estar na casa dele respondendo a uma carta de um detento , ou poderia estar com o Mano Brown na delegacia.

Existem muitas fotos de festas em favelas, eu já vi em vários lugares, e ele está lá no meio. Quem está lá? Qual outro político está lá? Não vai ver nenhum lá. Não só na Festa da Godoy, mas em outras favelas inclusive, em festas do nosso movimento espalhadas pela cidade. Ele apareceu. Qual outro político estava lá? Talvez em época de campanha aparecesse um ou outro, mas normalmente nenhum. Ele sempre esteve, então, já é uma diferença marcante. Eu nem precisaria falar muito mais do que isso pra explicar a relação Suplicy&Brown& Rap&MovimentoNegro&RaçaNegra&MovimentoPopular, toda essa coisa que envolve toda essa ideia.

Eduardo Suplicy é uma lenda, uma lenda viva. É uma ideia consagrada que é um cara honesto, que a gente tem do nosso lado. Talvez ele e mais algum. É lógico que, para o nosso bem, eu torço pra que exista muito mais do que dois. Mas a grande massa pensa assim, até os que não concordam totalmente com as ideias entendem que ele é um cara certo. É o cara que você vota e não se arrepende. O que mais você pode exigir de um cara comum? Está bom demais.

Essa coisa de ele aparecer naqueles momentos, que a coisa da música estava ali no meio da molecada, levando a ideia, fazendo a política... Ele estava ali pra dar segurança, aparecer na delegacia pra que nenhum excesso ou nenhum tipo de preconceito fosse exercido contra nós. Era realmente um escudo de proteção para nós. A gente sabia disso. Os caras tinham respeito por ele e tinham medo dele, isso era óbvio. O tratamento era um e quando ele chegava virava outro. Aí te dava um conforto a segurança que iria sair dali intacto e psicologicamente bem. O que mais eu posso falar desse cara?

É uma simbiose, tudo junto ao mesmo tempo. O rap, a ideia, a ideia e o Suplicy, as coisas funcionam ao mesmo tempo. Como se falasse a mesma língua de formas diferentes. Tudo o que ele passou ou tentou passar, acredito que mais de 80% foi assimilado. Não pode ser 100%, porque tem gente que não entendeu e alguns que entenderam, mas não concordaram com tudo. O tempo todo esteve presente essa ideia, e a figura dele sempre esteve presente, mesmo quando ele não estava presente.

A gente sabe que podia contar com ele e isso não é pouca coisa. Saber que você pode ligar pra um cara e ele não vai fugir de você, isso é muita coisa, não é pouca coisa. Não estou falando uma coisa boba. Um cara que você vai ligar e ele vai atender. Faz muita diferença o cara fingir que não está, ou deixar pra te atender amanhã. O cara te atende na hora. A gente nem está acostumado com isso, pra falar a verdade.

A importância é recíproca, por aquilo que ele faz por nós. E quando eu falo nós, não sou eu, nós os Racionais, somos nós todos, toda a luta, dos estudantes, nos movimentos, sendo arrastado pelo chão pra proteger quem precisa... A molecada adora! Mesmo com o show esgotado, o senador entra sempre como VIP, *very important people*!

Mano Brown[2]

---

[2] Mano Brown nasceu em 1970, em São Paulo, é rapper e um dos integrantes dos Racionais MC's, grupo formado em 1988 por Ice Blue, Edi Rock e KL Jay, para denunciar o racismo, a violência e a injusta desigualdade social na periferia paulistana.

PREFÁCIO

UM JUSTO ENTRE AS NAÇÕES

A história social do Brasil, quando lida a partir das grandes maiorias empobrecidas, de negros e mestiços (54,4% da população), de quilombolas, de indígenas e demais marginalizados sem-terra e sem teto e discriminados em razão de sua opção afetiva, possui inequívocos traços de tragédia. As classes dominantes nunca elaboraram um projeto de nação para todos, mas somente para elas, com explícita determinação de excluir o povo.

Confirma-o o reconhecido historiador e acadêmico José Honório Rodrigues, um dos poucos que ousou interpretar a história do Brasil a partir das vítimas e dos vencidos:

> A maioria dominante foi sempre alienada, antiprogressista, antinacional e não contemporânea. A liderança nunca se reconciliou com o povo; negou-lhes seus direitos, arrasou sua vida e, tão logo a viu crescer, ela lhe negou pouco a pouco sua aprovação, conspirou para colocá-la de novo na periferia, no lugar que julga que lhe pertence.[3]

---

[3] RODRIGUES, José Honório. *Conciliação e reforma do Brasil*: um desafio histórico político. Rio de Janeiro: Editora Civilização Brasileira, 1982, p. 16.

Ele conclui suas análises citando a dura frase do nosso maior historiador mulato, Capistrano de Abreu: ao sair da colonização e ao se formalizar a coalizão dos grupos dominantes entre si e de costas aos outros, "o povo foi capado e recapado, sangrado e ressangrado".

A situação atual, a partir de 2019, sob o mais férreo ultra neoliberalismo, derrotado em quase todos os países onde foi implantado, agravou ainda mais a situação do povo em geral. Está ocorrendo uma intencional desmontagem das várias políticas sociais criadas sob o governo de Lula-Dilma e a supressão de demais direitos dos trabalhadores e aposentados, conquistados a duras penas em dezenas de anos de reivindicação e de luta. Apequenou-se nossa soberania nacional com um alinhamento humilhante à lógica do império norte-americano sob o governo de Donald Trump. Este revelou-se nos seus últimos dias de mandato, em 6 de fevereiro de 2021, um reles golpista, atentando contra uma das democracias mais estáveis do mundo ao incentivar a invasão bárbara do Capitólio por selvagens seguidores seus.

Escrevo tudo isso para trazer à luz o que acontece com frequência em nosso país. Não obstante o solo pantanoso e obscuro que foi, e continua sendo, a nossa história social, irromperam de dentro dele algumas flores, não muitas, uma das quais exala em suas virtudes políticas, orientadas ao bem comum, com os ouvidos atentamente abertos aos lamentos dos sofredores e às suas demandas: o senador da República Eduardo Suplicy. Essas loas não são apenas minhas, mas constituem um consenso entre os que acompanharam e continuam acompanhando a trajetória deste eminente político, agora o vereador mais votado da cidade de São Paulo.

No atual contexto político conturbado, e no quadro de uma democracia de baixa intensidade, como nos faz falta a presença e atuação do ex-senador Eduardo Suplicy. Somos testemunhas diretas de seu jeito de fazer política, no ideal traçado por Max Weber em seu clássico *A política como vocação* (1919) e nos pronunciamentos oficiais dos últimos Papas sobre a política como a forma mais alta do amor.

Eduardo Suplicy nunca fez da política uma *profissão*, mas uma *missão* de serviço ao bem comum, uma escolha clara pelos mais destituídos e pelos movimentos sociais das cidades e do campo. Não só apoiou os empobrecidos, os catadores de materiais recicláveis, o Movimento dos Sem Terra e sem Teto, os movimentos negros e indígenas e as lutas das mulheres por mais dignidade e participação, bem como os LGBTQIA+, a partir de um burocrático gabinete de senador em Brasília, mas estando fisicamente presente em quase todos esses grupos.

Podiam organizar seus encontros nas mais distantes periferias. Mas não havia distância que impedisse ele de estar lá fisicamente presente, abraçando as pessoas, acolhendo-as com seu permanente sorriso e apoiando suas propostas. E fazia questão de mostrar seu sonho de um Brasil mais inclusivo e fraterno no qual não fosse tão difícil o amor e o sentimento de pertença como companheiros e companheiras, cantando infalivelmente o *Blowin' in the Wind* de Bob Dylan.

A expressão mais alta de sua política "da ternura e da gentileza, do amor social e universal", para usar as palavras da encíclica social do Papa Francisco da *Fratelli tutti*, é seu inarredável empenho no Brasil e no mundo por uma Renda Básica de Cidadania, Universal e Incondicional. Essa bandeira foi sempre brandida em suas mãos. Depois da pandemia da Covid-19 são muitas as vozes que no mundo inteiro estão aventando esta proposta como emergência planetária face à fome e à miséria em que serão jogadas milhões e milhões de pessoas, nossos irmãos e irmãs.

Eduardo Suplicy se encontra entre os primeiros e mais comprometidos com a Renda Básica Universal. Como cristão e teólogo diria: ela é seu passaporte para a entrada direta no Reino dos Libertos e dos Bem-aventurados. Exerceu sua missão de senador por 24 anos, sob os governos de Collor, de Itamar Franco, de Fernando Henrique Cardoso, de Luiz Inácio Lula da Silva e da presidenta Dilma Rousseff. Podiam mudar os figurantes e suas opções políticas, mas nunca mudou sua opção de vida, de estar do lado dos que mais precisam, dos humilhados e ofendidos e de praticar uma política de total transparência e lisura ética. Isso não o impedia de fazer as críticas necessárias, mas sempre mantendo uma altura civilizada e uma pureza de mente.

Conhecendo como se pratica a política partidária e parlamentar no Brasil, não é mera exaltação retórica afirmar que daquele ambiente obscuro e pantanoso, tenha brotado, entre outras poucas, aquela flor. Ela expressa a figura do ex-senador Eduardo Suplicy a quem honramos com este breve texto. Ouso repetir a expressão política mais nobre que no Estado de Israel se usa para homenagear notáveis do mundo: "Eduardo Suplicy é um justo entre as nações".

Eduardo Suplicy é uma figura da qual o Brasil e nós brasileiros e cidadãos do mundo nos podemos orgulhar.

Leonardo Boff[4]

---

[4] Leonardo Boff nasceu em 1938, em Concórdia (SC) 1938, é teólogo, filósofo e escritor e membro da Iniciativa Internacional da Carta da Terra.

INTRODUÇÃO
O MEU JEITO DE FAZER POLÍTICA

A política é a busca de uma vida mais justa, do bem comum. Tudo o que tem a ver com a vida é da política. Para ser justo, eu preciso conhecer a verdade e as situações a fundo, mesmo que trabalhosas. Para isso, devo estar em contato com as pessoas. Buscar a verdade é uma característica da condição humana, eis porque gosto de estar nos lugares, os mais diversos, para saber o que está acontecendo, desde visitar a favela que sofreu um incêndio, até intervir onde a Polícia Militar ou a Guarda Civil Metropolitana agiu com violência, ou quando jogou bombas sobre a população em situação de rua.

Gosto também de ir a lugares como parques para praticar exercícios ou desfrutar de um bom restaurante. Não sinto receio de ir a qualquer lugar. Como homem público, tenho a responsabilidade de buscar situações justas para todos e todas. Vou aonde sou chamado. As pessoas inclusive brincam, que costumo estar em vários lugares ao mesmo tempo. Nunca tive medo. A única vez que andei com seguranças foi na visita ao Iraque. Felizmente sou tratado com muito respeito por onde vou, independentemente do local.

Adoro frequentar atividades culturais de qualquer tipo. O teatro é a representação da vida. Aprendi que é uma das melhores formas para abrir janelas; ajudou muito na minha conscientização sobre o ser humano. Assistir e ouvir bonitos espetáculos musicais, ir ao cinema ou ler um bom livro me motivam muito. Permitem que eu me atualize e veja o mundo em muitas perspectivas.

Aos 80 anos de idade, avalio que é uma boa hora de fazer uma reflexão sobre tudo o que tem acontecido, relatar um bocado de minha experiência, inclusive para estimular os mais jovens. Tenho imenso prazer em fazer palestras nas mais diversas escolas e faculdades, participar de rodas de conversa e ouvir poemas nos centros de cultura da periferia. São uma fonte inesgotável de energia para fazer bem o meu trabalho. Saio renovado.

Em um ano e meio de pandemia de coronavírus, em que fiquei resguardado na minha casa, fiquei feliz de ter podido realizar mais de 730 *lives* por meio virtual, para mais de 170 municípios em vinte Estados brasileiros, Distrito Federal e dez países diferentes. O tema que mais me pediram para falar foi justamente sobre os instrumentos para construir uma sociedade justa, civilizada, com boa educação para meninos e meninas, para os jovens, e para os adultos que não tiveram boas oportunidades quando eram crianças. Uma sociedade justa demanda o bom atendimento de saúde, o estímulo às formas cooperativas e de economia solidária, o microcrédito, as moedas sociais e a Renda Básica de Cidadania, Universal e Incondicional.

Aqui, irei contar como a formação transmitida por meus pais foi importante para mim, na minha infância e na minha adolescência. Como desenvolvi a minha consciência política no período de estudante universitário, na Fundação Getúlio Vargas de São Paulo. Vou explicar que escolhi me dedicar à atividade de professor de economia para buscar soluções que acabassem com a tão injusta desigualdade social e econômica. Que ao começar a escrever para jornais e a ter interação com o público, decidi entrar na vida pública, ser um representante do povo; atividade que assumi com toda a responsabilidade, dedicação e prazer.

Assim, por exemplo, na minha interação com a defesa dos direitos da pessoa humana, com o Movimento em Defesa do Menor, acabei visitando a Febem e lá conheci Anderson Herzer, nascido Sandra Mara

Peruzzo, personagem do livro *A Queda para o Alto,* a primeira autobiografia de uma pessoa trans no Brasil. Vinte anos depois de escrito, fui convidado a participar da peça com jovens atores de Heliópolis. De minha amizade com o empresário Severo Gomes, meu antecessor no Senado, surgiu o interesse de bem conhecer o Parque Yanomâmi, na Amazônia, e de me aprofundar nas graves questões relativas ao desrespeito aos direitos dos nossos povos indígenas.

Em 1994, ao assistir pela primeira vez um show dos Racionais MC's, me dei conta de como as suas canções eram imprescindíveis para conhecer melhor o cotidiano difícil não apenas dos jovens, mas das populações mais carentes nos bairros periféricos. Para mim, as músicas cantadas por Gilberto Gil, Geraldo Vandré, Milton Nascimento, Maria Betânia, Chico Buarque, Renato Teixeira, Jair Rodrigues, Caetano Veloso, Luiz Gonzaga, Maísa, Rita Lee, Ângela Ro Ro, Marina Lima, Lecy Brandão e tantas outras cantoras e cantores são um combustível para a minha missão de construir um mundo mais justo. Assim como *Blowin' in the Wind,* de Bob Dylan, na bela voz de Joan Baez, com quem dividi o palco, e as recomendações do Papa Francisco, que nos inspiram para perseguirmos a paz.

Ser um homem público significa estar sintonizado com a vida e os problemas das pessoas e dos lugares onde vivem. Enquanto escrevo, pessoas com dificuldades me pedem para chamar com urgência o Corpo de Bombeiros para combater um incêndio na área indígena do Morro do Jaraguá. Isso também aconteceu quando mães desesperadas me pediram ajuda na busca de filhos sequestrados no exterior ou quando apresentei o projeto para criar um fundo de pesquisa de doenças raras.

Sintonizado com a devastação do meio ambiente e das alternativas que precisamos buscar, como estimular o uso de bicicletas e melhorar o transporte coletivo nas cidades; defender a criação do Parque do Bixiga, que será uma importante área de lazer e de preservação do meio ambiente, e irá beneficiar o Teatro Oficina. A tragédia do Pinheirinho, o apoio aos militares gays perseguidos, dormir na favela e no acampamento do MST, a forte interação com os sacerdotes progressistas da Igreja Católica, bem como com a Mãe Sylvia de Oxalá, do Axé Ilê Obá, e do Pai Rodney de Oxóssi, do Ilê Oba Ketu Axe Omi Nlá, são outros temas.

A transparência em tempo real, as paredes de vidro no gabinete, o apoio de Reinaldo Polito, a estada no Woodrow Wilson International Center, em Washington, a sunga e o cartão vermelho são outras histórias. Tudo de acordo com o que acredito que deve fazer um bom senador.

As responsabilidades de um senador

Um senador da República tem a responsabilidade de bem representar o povo, de cumprir muito bem suas responsabilidades previstas nos artigos 44 a 56 da Constituição brasileira, sobretudo as de bem fiscalizar todos os atos do Executivo e de legislar, seja apreciando, debatendo, modificando os projetos apresentados pelo Presidente da República e por seus colegas no parlamento e, também, apresentando projetos de lei ou propostas de emenda constitucional de interesse da população.

O senador tem a responsabilidade de estar vigilante aos atos do Presidente da República, do vice-presidente, dos ministros de Estado, até dos diretores das empresas do setor público. Deve acompanhar os trabalhos de cada pasta, seja em ações positivas, ou em atos irregulares, desvios de procedimentos ou incorreções. O senador tem diversos instrumentos que pode utilizar, como o requerimento de informações, que concede prazo de 30 dias para o esclarecimento de um ministro, por exemplo, a possibilidade de convidá-lo ou até convocá-lo para uma audiência. Em casos de maior complexidade, desde que com a assinatura de pelo menos um terço dos senadores, pode ser constituída uma Comissão Parlamentar de Inquérito (CPI).

Na função de representante do povo, espera-se que ele, nos momentos de alegria, de tristeza ou comoção expresse o sentimento do povo. Muitas vezes, quando houve o falecimento de pessoas de grande relevância na história do Brasil, eu procurei homenageá-las. Como quando faleceram pessoas como Davi Capistrano, o ator Mario Lago, Jorge Amado, Milton Santos, ou quando se comemoraram os 100 anos de Caio Prado Júnior e de Oscar Niemeyer. Ou na morte trágica do jornalista Tim Lopes, que fazia uma cobertura jornalística em uma das favelas do Rio de Janeiro e foi ali cruelmente assassinado. Achei que seria importante registrar esse episódio, transmitir solidariedade a ele e aos jornalistas que trabalhavam com ele.

Fiz homenagens a políticos de todos os partidos, como Roberto Campos, Antônio Carlos Magalhães, Luís Eduardo Magalhães, filho de ACM, o governador Mário Covas, ou o ministro Sergio Motta, um dos homens mais importantes da equipe do presidente FHC. Em 1964, ainda estudante e após o golpe militar, Serjão sugeriu que eu fosse o vice-presidente da primeira diretoria da União Estadual dos Estudantes, já na ilegalidade. Homenageei importantes jornalistas brasileiros, como Carlos Castelo Branco e Barbosa Lima Sobrinho.

Quando aquele que considero o maior economista brasileiro, Celso Furtado, completou 80 anos, e quando veio a falecer, fiz discursos destacando o seu trabalho como uma das pessoas que melhor estudou a história da economia brasileira e propôs medidas para o desenvolvimento equitativo da sociedade brasileira. Os grandes educadores como Anísio Teixeira e Paulo Freire estiveram também dentre os que eu homenageei.

Quando você cita um Vinicius de Moraes, um Carlos Drummond de Andrade, quando lê as suas poesias, há um sentido educativo. Na minha homenagem à Carlos Drummond de Andrade, por exemplo, li um poema dele, *A Bomba*, justamente uma conclamação à paz, pois diz ao final que "o homem destruirá a bomba". Também o mesmo com o Vinícius de Moraes que, com Antônio Carlos Jobim, compôs uma das mais belas canções brasileiras, *Eu sei que vou te amar*. Certo dia, fiz uma homenagem ao Geraldo Vandré e nessa ocasião eu achei por bem cantar *Para não dizer que não falei das Flores*. Quando o Brasil se sagrou campeão do mundo no futebol e atletas brasileiros brilharam nas Olimpíadas, naturalmente os cumprimentei da tribuna do Senado.

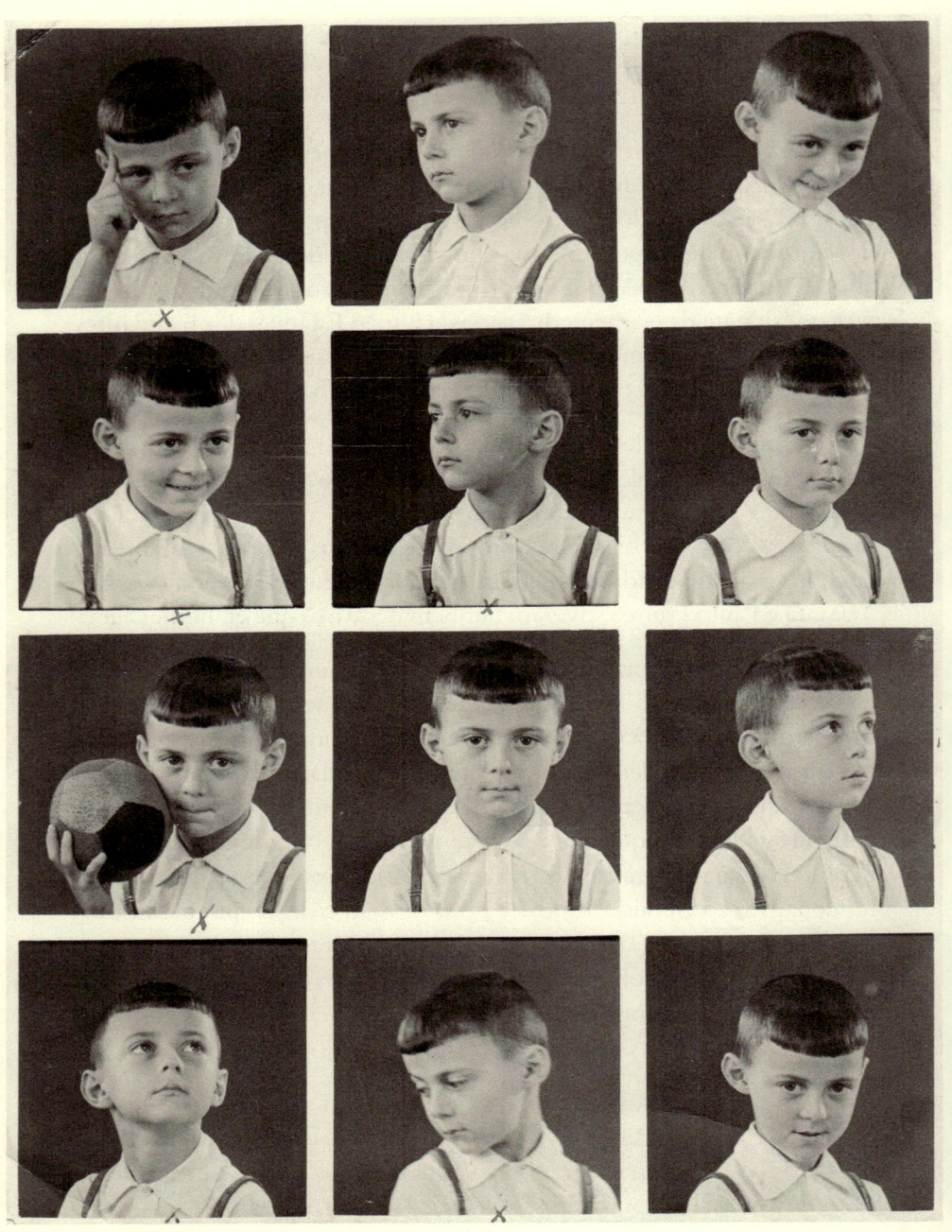

Com cinco anos de idade.

CAPÍTULO I

MEUS PAIS, MINHAS MAIORES INFLUÊNCIAS

Em 7 de dezembro de 2013, vivi um dia muito triste da minha vida com toda minha família. Minha mãe, Filomena Matarazzo Suplicy, faleceu aos 105 anos após uma vida extraordinária e exemplar de dedicação e amor aos seus onze filhos. Ela e meu pai, Paulo Cochrane Suplicy, foram as pessoas que mais profundamente influenciaram a minha formação, os meus valores e os objetivos que tracei para a minha vida. Minha mãe era uma pessoa que se dava bem com todos e tinha enorme paciência. Sabia compreender os problemas humanos com muito respeito e sabedoria. Meu pai me ensinou a importância de sempre ouvir quem o procurasse.

A história de amor dos dois é muito bonita. Certo dia, meu pai, que morava em Santos, foi visitar no porto um navio que chegava da Europa. Ali estavam Andrea e Amália Matarazzo com os filhos e as filhas Maria e Filomena. Meu pai, quando avistou Filomena, ficou encantado. Ao chegar em casa, anunciou para sua mãe Besita: "hoje conheci a mulher com quem vou me casar". Daí, ele perguntou às pessoas a respeito. Disseram que como ela era filha e neta de conde, o importante industrial Francesco Matarazzo, ela só se casaria com príncipes, o que o deixou desapontado. O tempo passou e um dia, ao caminhar pela praia do Gonzaga, ele se deparou com o amigo Anésio

Em pé, da esquerda para a direita, meus irmãos Paulo, Anésio, Maria Tereza, Besita e Roberto. Sentados, Vera, Ana Maria, eu, minha mãe e Roney, no chão. No colo de meu pai, meu irmão caçula, Luís, e, no braço da cadeira, minha irmã Marina.

Lara Campos, com quem jogava tênis, que tomava chá com uma moça: "eis a minha noiva Filomena". Puxa, como era possível? Anésio se casou com Filomena, que teve o primeiro filho, Anésio, aos 19 anos. Ela estava grávida da filha Maria Tereza, quando, em viagem à Itália, o marido Anésio ficou gravemente doente e faleceu. Assim que soube, meu pai procurou Filomena, então com apenas 21 anos. A reação não foi positiva. "Eu gostava muito de meu marido, não vou me casar outra vez", explicou. Passado um tempo, meu pai teve a notícia de que Filomena voltara a frequentar festas com seus irmãos e novamente a procurou. Com a autorização dela, passou a visitá-la e a levar presentes para as crianças, até conquistá-la definitivamente. Os dois se casaram em 1933 e tiveram mais nove filhos e filhas, e foram muito felizes.

Eu sou o oitavo de onze. Nasci no dia 21 de junho de 1941. Meus pais haviam se mudado um ano antes para a casa que meu avô Andrea

Matarazzo lhes deu. Casa bastante grande, com jardim bonito, piscina e seis quartos, na Alameda Casa Branca, esquina da Alameda Santos, em frente ao Parque Siqueira Campos (Trianon). Minha mãe resolveu me ter em casa, ao invés de ir para a maternidade. O parto foi bastante difícil, nasci com a cabeça muito grande. Cresci na Alameda Casa Branca, ao lado de meus irmãos Anésio, Maria Tereza, Besita, Vera, Ana Maria, Paulo, Marina, Roberto, Rony e Luís.

Meu pai era um corretor bem-sucedido. Enquanto seu pai, Luiz Suplicy, havia fundado o Escritório Suplicy, no século XIX, em Santos, de corretagem de café. Meu pai, após se casar, fundou, em 1937, uma segunda sede, na Rua Boa Vista, em São Paulo, e passou a trabalhar com outras mercadorias, como o algodão, ampliando os negócios. Durante toda a vida se dedicou a causas sociais. Eu me lembro de, no início dos anos 1960, acompanhá-lo em reuniões do Movimento Universitário pela Desfavelização de São Paulo, quando a cidade já contava com 60 mil favelados, espalhados em cerca de 188 locais. Ele também era voluntário da Organização do Auxílio Fraterno, cujos participantes saiam de noite para levar cobertores e alimentos para a população em situação de rua. Foi um aprendizado muito importante para mim.

Com o apoio de minha mãe, por trinta anos, meu pai presidiu a Fundação Casa do Pequeno Trabalhador, com sede embaixo de um dos viadutos da Avenida 9 de Julho. Ali, cerca de 400 meninos, de 11 a 15 anos, dos bairros mais carentes da cidade passavam parte do dia estudando e realizando atividades, como a de engraxate ou guardinha de automóveis. Eu me lembro de às vezes acompanhar meu pai e observar os meninos o abraçando, como se fosse um segundo pai. Seja no portão de casa ou na porta de seu escritório, ele costumava receber muitas pessoas em necessidade. Ele sempre me dizia: "filho, mais importante do que qualquer ajuda que possa dar a uma pessoa, é você ouvir a sua história". Esta é uma lição que guardei para sempre e durante a minha vida parlamentar sempre a apliquei, a transmitindo a todos que trabalham comigo. A Casa do Pequeno Trabalhador existe até hoje, agora com o nome de Fundação do Jovem Profissional, que hoje administra o Restaurante Escola da Câmara Municipal de São Paulo.

Meus pais eram muito católicos e nos transmitiram valores cristãos. Eram irmãos da Ordem Terceira do Carmo, onde meu pai foi Prior, e membros da Confederação das Famílias Cristãs. Com frequência havia reuniões na minha casa, as quais eu assistia, por vezes com a presença do Cardeal de São Paulo, Dom Carmelo Motta, e de jovens parlamentares, como André Franco Montoro, Chopin Tavares de Lima, Paulo de Tarso e Plínio de Arruda Sampaio, que eram do Partido Democrata Cristão (PDC). A primeira candidatura de Montoro a vereador, em 1947, foi lançada em nossa casa e está registrada em filme. Eu tinha seis anos.

Com frequência, eu acompanhava meus pais nas missas de domingo, hábito que mantenho até hoje. Em casa, normalmente antes do jantar, rezávamos diante de uma estátua de Jesus sentado em uma cadeira, rodeada de muitos livros, colocada no meio da estante do escritório. Nessas ocasiões meus pais faziam recomendações dizendo o quão importante era que nos mantivéssemos sempre unidos. E ressaltavam que os propósitos de fraternidade e solidariedade deveriam valer também além dos muros de nossa casa.

Certa ocasião, numa das conversas na hora da reza com meus pais e todos os onze filhos e filhas, em época em que avaliaram que estávamos brigando muito e nos comportando com indisciplina, disseram que a continuar assim iriam pedir a Deus que os levassem mais cedo. Daí todos foram para a mesa de refeição. Eu, entretanto, fiquei triste, comecei a chorar e subi para o meu quarto. Minha mãe veio conversar comigo, na minha cama, e me consolou. Eu não causava tanta preocupação, estava sendo um bom menino. Só então me acalmei e pude ir jantar. Em família com muitos irmãos, as brigas são inevitáveis, mas não me lembro de nenhum episódio grave. Mas com os homens treinei muito boxe em casa.

Costumávamos passar as férias escolares ora no Guarujá, onde meus pais tinham um apartamento no Monduba; ora na Fazenda Boa Esperança, em Bragança Paulista, de meu avô Andrea Matarazzo; ora em Campos de Jordão; e ora em Poços de Caldas. Na fazenda de meu avô, eu brincava bastante, jogava futebol com os filhos de colonos, ia à casa deles e também os convidava para tomar lanche na sede da fazenda.

Time de basquete no Acampamento Paiol Grande, em São Bento do Sapucaí (SP). Sou o primeiro à esquerda, agachado.

Mais tarde, notei que alguns deles se tornaram líderes de movimentos sociais em defesa dos trabalhadores rurais.

Um dia, com 10 anos de idade, dormia no meu quarto, que dava de frente para o Parque Trianon, e eis que fui acordado por gritos de mulher. Da janela, vi o que era. Mulheres apanhavam com cassetetes de borracha da polícia, que as levavam para o distrito policial. Três ou quatro dias depois, retornavam para vender os seus corpos. Percebi que essa rotina se repetia com frequência. Episódios como esse fizeram eu procurar a razão de aquelas mulheres se sujeitarem a uma situação tão humilhante.

Em outra ocasião, brincando de pilotar um avião com meu primo André Orchis, embaixo de uma mesa de ping-pong na sala de brinquedos da minha casa, lembro-me que veio a minha mente que um dia eu gostaria de estar colaborando na vida pública para ajudar a melhorar o Brasil. Aos poucos ia tomando consciência do que eu desejava para a minha vida.

Cursei o colegial (ensino médio) no Colégio São Luís, tradicional escola paulista, pertencente à Companhia de Jesus, fundada pelo jesuíta Santo Inácio de Loyola, em 1540. Eu era um adolescente igual aos outros, um aluno médio, gostava muito de praticar todos os tipos de esportes e me dava bem com os colegas. Até ocorrer uma importante transformação em mim responsável por mudar definitivamente a maneira como eu olhava a vida. Convidei meu amigo Dilson Funaro,[5] noivo de minha irmã Ana Maria, com quem eu tinha muita afinidade, para ser meu padrinho de crisma. Ele me deu de presente um livro com a história do físico, matemático, astrônomo e filósofo italiano Galileu Galilei, que em 1613 defendeu que o Sol era o centro do sistema solar, e não a Terra, e acabou condenado pela Santa Inquisição. Eu fiquei muito impressionado com a incessante busca de Galileu pela verdade. Também na época, assisti ao filme da história do astrônomo e matemático polonês Nicolau Copérnico. Em uma cena marcante, a mulher e a filha lhe perguntam: "por que você fica aí dizendo que a Terra é redonda e não é o centro do universo? Você não percebe que está incomodando a Igreja, os homens do poder?". Copérnico respondeu: "porque eu quero descobrir a verdade". "Mas por que você tanto quer descobrir a verdade?". "Porque é uma coisa humana".

A partir daí, passei a levar muito mais a sério os meus estudos e me tornei um dos seis melhores alunos da classe. Um dia, quando eu andava pelas ruas do centro, na esquina da Rua Marconi com a Sete de Abril, encontrei três ótimos professores do Colégio São Luís conversando. "Puxa, Eduardo, nós estávamos justamente falando de você, como tem levado a sério os estudos e está indo bem!". Foi um excelente estímulo para mim, que passei a me dedicar cada vez mais à busca do conhecimento.

---

[5] Dilson Domingos Funaro (1933-1989) foi proprietário de uma famosa indústria de brinquedos, Trol, presidente do BNDES e Ministro da Fazenda (1985-1987) (N. E.)

Como o Colégio São Luís ficava na Avenida Paulista, perto da minha casa, eu voltava a pé em companhia de amigos. Um dia, na esquina da Rua Augusta, na porta do Colégio Paes Leme, cujos estudantes rivalizavam conosco, alguns rapazes vieram me provocar. "O que você está olhando?", desafiou um deles, avançando sobre mim. Partimos para a briga e por um bom tempo rolamos pelo chão. Ao chegar em casa, um tanto machucado, meu irmão Paulo, que não aceitava desaforos, perguntou quem tinha batido em mim e foi atrás dos rapazes tirar satisfações. A situação acabou me estimulando a buscar um outro esporte.

Pedi ao meu cunhado Aguinaldo de Araujo Goes, casado com minha irmã Vera, a indicação de um bom treinador de boxe. Ele, que sabia um pouco de pugilismo, apresentou-me o Lúcio Inácio da Cruz, ex-campeão amador brasileiro de boxe, um negro progressista, que se tornou meu treinador e grande amigo até o final de sua vida. Eu pedi a meus pais autorização para colocar num quarto no porão de casa um *puching ball*, um saco de areia, e aproveitar o espaço para fazer ginástica e pular corda. Autorizado, Lúcio Inácio, de meus 15 aos 21 anos, passou a me dar aulas juntamente com um grupo de sete a dez colegas,

Adolescente, em dia de festa no Colégio São Luiz.

Com colegas do curso científico. Atrás de mim está o médico
Mário Smith Nóbrega, sempre o primeiro da classe.

Na piscina de casa, da esquerda para a direita, meus irmãos Paulo,Roney, meu
cunhado Aguinaldo de Araújo Goes, eu e meu irmão Roberto.

formado por irmãos e amigos. Em 1962, quando cheguei aos 21 anos, Lúcio avaliou que eu estava lutando muito bem e que seria bom disputar o Campeonato de Estreantes da Gazeta Esportiva, o Luvas de Ouro. Aceitei. Passei a frequentar outras academias, como a do São Paulo, do Palmeiras, do Guarani, da Caracu e do Wilson Russo. Fiz luvas com alguns dos melhores boxeadores da época, como Éder Jofre, Abrão de Sousa, Fernando Barreto e Paulo de Jesus. Tornei-me amigo de muitos pugilistas que, em sua maioria, eram pessoas de origem humilde. Isto me ajudou também a compreender melhor suas dificuldades.

Minha estreia no campeonato se deu numa luta com um fortíssimo boxeador. No vestiário, Lúcio me disse: "não vá se assustar com o tamanho do negrão que vai lutar com você". Ao entrar no ginásio Wilson Russo, com público de mais de 500 pessoas, sendo uns quarenta meus convidados, eis que o pessoal começou a gritar: "acaba logo com esse filhinho da mamãe". No primeiro round, ele acertou um direto no meu queixo e fui para a lona. Lúcio me recomendou esperar contar até oito para fazer o que eu sabia. Ao final do primeiro round, a luta já estava equilibrada. No segundo, eu o derrubei por duas vezes e ganhei por nocaute. Todos aplaudiram. No dia seguinte, a Gazeta Esportiva destacou: "Eduardo Matarazzo Suplicy saiu da lona para ganhar por nocaute". Na segunda luta, no Ginásio do Tênis Paulista, com público bem maior, o meu adversário foi um indígena vindo do Amazonas, Getúlio Veloso, muito forte, que trabalhava numa loja de tapetes na Rua Augusta. A luta foi muito equilibrada, ninguém caiu. Por dois a um, os jurados deram a vitória para mim. Mas, dois dias depois, o presidente da Federação Paulista de Pugilismo disse que um dos jurados cometeu um engano. Somou os pontos maior para o Getúlio, mas na hora de escrever o vencedor pôs meu nome. Pedi nova luta, mas não permitiram. E assim não pude prosseguir. Passei a concentrar minha luta por outros objetivos.

Durante minha adolescência, depois de uma fase de muitas festas, de rock'n roll, de carnaval, de ter algumas namoradas com quem ia ao cinema e ficava de mãos dadas, e de dançar de rosto colado, passei a sentir a necessidade de conhecer com maior profundidade os problemas brasileiros, as razões de tanta desigualdade e injustiça, e as possíveis soluções. Nessa época, minha mãe promovia com frequência, na nossa

Treinando boxe no saco de areia na academia no porão de minha residência.

residência, lanches no final da tarde. Servia sanduíches no pão de forma e bolo e a casa se enchia de jovens. Eu gostava muito, especialmente porque me deu a oportunidade de conviver com pessoas diferentes, amigos e amigas de minhas irmãs e de meus irmãos, com quem passei a me relacionar e a conhecer um mundo novo.

Dentre os amigos e amigas de meus irmãos como Paulo, Marina, Ana Maria, Vera, Besita e Maria Tereza, passei a conviver bastante com pessoas como Jorge da Cunha Lima, Paulo Cotrim, Plínio de Arruda Sampaio, Cândido, Clovis e Lauro Bueno de Azevedo, Carlos Queirós, Fernão Bracher, Chopin Tavares de Lima, Eduardo Milliet, José Osório Azevedo Junior e Osvaldo Assef, que se casou com minha irmã Maria Teresa. Certo dia, Osvaldo me disse: "há um jornalista que escreve no Diário Popular, com pseudônimo, que gosta muito de você, que por vezes o menciona em sua coluna". Era o Carlito Maia, que se tornou um de meus maiores amigos e conselheiros desde o tempo que fui deputado estadual até o Senado. A convivência com esses amigos me ajudou muito a abrir a cabeça para o mundo real.

Ao concluir meu segundo ano na Escola de Administração de Empresas de São Paulo da FGV, tendo as matérias de instituições políticas, economia, sociologia, psicologia me interessado bastante, resolvi perguntar à minha mãe e ao meu pai se poderia parar de estudar um semestre para fazer uma viagem tanto à Europa Ocidental quanto à Oriental, para saber como estavam os países do Mercado Comum Europeu, que cresciam bastante, e os países socialistas. Comecei a me interessar sobre o que era o capitalismo, o socialismo, o marxismo, o comunismo e outras formas, como o socialismo de mercado. Houve a oportunidade de uma excursão barata para participar do Festival Mundial da Juventude pela Paz e Amizade em Helsinki, e depois para países como a União Soviética, a Checoslováquia, a Polônia, a Áustria, a Alemanha Ocidental e a Oriental, a Suíça, a Itália, a França, a Iugoslávia, a Bulgária e a Hungria. Depois de muitas observações e diálogos, cheguei à conclusão de que seria possível

Aula de ginástica com o professor Lúcio Inácio da Cruz, no jardim de casa.

se construir uma nação mais justa e igualitária, mas que seria importante, principalmente depois de ver o Muro de Berlim, fazê-lo com liberdade e com democracia. Houve um momento, tanto entusiasmado que estava com minhas descobertas, que viajei de trem desde a Bulgária, a Hungria e a Áustria, até chegar em Zurique, na Suíça, tendo dormido muito pouco por sete dias. Tive um estresse. Fui parar no hospital. Três dias depois, minha mãe chegou: "o que aconteceu, meu filho? Há três dias acordei ouvindo um chamado seu, fiquei preocupada. Depois o Embaixador do Brasil na OIT, Barbosa Carneiro, aqui me informou que havia ocorrido um problema e logo vim". Um médico brasileiro nos acompanhou de volta. Ao retornar para o Brasil, descansei o necessário, logo fiquei bem. Ao final do primeiro semestre fui eleito Presidente do Centro Acadêmico Administração de Empresas. Terminei o terceiro ano dentre os três primeiros da classe, que me levou a aceitar o estágio que a Cosipa ofereceu aos três primeiros colocados, por um ano.

Por eu ter ingressado na vida pública em 1978, um ano após o falecimento de meu pai, em 27 de janeiro de 1977, eleito deputado estadual pelo MDB, foi minha mãe a pessoa que mais de perto apoiou os meus passos. Sempre deu conselhos, participou de atos de praticamente todas as campanhas, bem como nos comícios finais. A meu convite, esteve em Brasília, no Palácio do Planalto, quando Luiz Inácio Lula da Silva tomou posse, em 1º de janeiro de 2003, assim como também na bela cerimônia de 8 de janeiro de 2004, quando Lula sancionou a Lei n. 10.835 que institui, por etapas, a critério do Poder Executivo, a Renda Básica de Cidadania, começando pelos mais necessitados, até que se torne universal e incondicional. Lá estavam presentes Marisa Letícia, o Professor Philippe Van Parijs, o Ministro José Dirceu, o Professor Paul Singer, a Prefeita de São Paulo Marta Suplicy e a Mônica Dallari. Minha mãe compreendeu muito bem o significado de o Brasil ser o primeiro país do mundo a aprovar no Congresso Nacional, por todos os partidos, a Renda Básica Incondicional que mais e mais vem sendo implementada, debatida e experimentada em todos os continentes.

Assim, ela muito me ajudou e a cada um dos meus irmãos e irmãs. Em ocasiões de separações de algumas de minhas irmãs, ela deu muito apoio, assim como quando ocorreu a minha com a Marta. Nos últimos

Aprovado no curso de Administração de Empresas na Fundação Getúlio Vargas.
Sou o primeiro, de pé, à esquerda, em 1960.

anos e meses de sua vida, sempre que eu voltava aos fins de semana de Brasília, ia visitá-la para contar as histórias que tinham acontecido. Combinava com ela para acompanhá-la na missa de domingo, quase sempre com Besita, na Igreja São José, Nossa Senhora do Perpétuo Socorro ou na São Gabriel. Aproveitava e cantava com ela as canções que tão bem sabia e gostava de cantar como as de Maísa, de quem ela havia se tornado amiga e admiradora, pois havia sido casada com seu irmão André; dessa união, nasceu meu primo Jaime Monjardim, diretor de televisão. *Ouça* e *A Noite de Meu Bem*, de Dolores Duran, *La Vie em Rose*, de Edith Piaf; e *A Casinha Pequenina*, de Nara Leão, faziam parte do repertório. Mesmo em seus últimos dias, quando sua memória tinha se apagado bastante, dessas canções ela se lembrava inteiras. Também sempre tive bom relacionamento com meus irmãos mais jovens, Roberto, Rony e Luís, e suas esposas Vera, Marina e Cristina. Assim como com todos sobrinhos e sobrinhas. Luís nos deixou mais cedo. Teve um acidente de moto em que bateu a cabeça, o que fez com que viesse a ter uma saúde que exigia muitos cuidados. Roberto chegou a ser candidato a vereador pelo PT, mas desistiu da política. Hoje, praticamente todos os meus irmãos e irmãs são críticos do PT e gostariam que eu deixasse o partido. Explico a eles, entretanto, que quando numa grande organização, hoje com mais de 1,8 milhão de filiados, alguns cometem erros, é meu dever procurar medidas para prevenir e corrigir os erros e ali, onde estivermos, proceder com toda correção e transparência, e continuar a lutar pelos propósitos nos quais tanto acredito que me levaram a ser cofundador do PT. Também digo isso aos meus três filhos, Eduardo (Supla), André e João, e aos meus sete netos, quando me perguntam sobre problemas que ocorreram na história do partido.

Meu irmão Anésio, sobretudo quando eu era menino e adolescente, teve uma relação bastante próxima comigo, inclusive por ser meu padrinho de batismo, sendo minha irmã Maria Tereza a madrinha. Mas após ele ter completado o Colégio São Luiz, ter ido à Espanha estudar teologia para possivelmente se tornar sacerdote, ali acabou se entusiasmando pelo General Franco, voltou ao Brasil e passou bom tempo escrevendo um livro sobre *El Reino del Cristianismo*, distanciando-se muito das ideias progressistas que mais e mais eu vim a abraçar. Ele se tornou adepto do integralismo, de Plínio Salgado, e na década de 1980 criou a Ação Integralista Brasileira.

Meus queridos pais,
Paulo e Filomena.

Meus pais, sobretudo minha mãe, que conviveu comigo desde os primeiros passos na política, nunca nos admoestaram por nossos diferentes caminhos. Respeitaram. Mas senti que ela sempre deu apoio e teve compreensão pelas escolhas que fui fazendo em minha vida, desde quando me candidatei, em 1978, a deputado estadual, então pelo MDB, quando ingressei no PT, em 1980, quando me candidatei a Prefeito e a Governador pelo PT em 1985 e 1986, a vereador em 1988, e ao Senado em 1990, 1998, 2006 e 2014, sempre com sua entusiástica energia e benção.

Meus queridos pais, Paulo e Filomena, muito obrigado.

Com o líder indígena Davi Kopenawa Yanomâmi.

CAPÍTULO II

VISITA AO PARQUE YANOMÂMI

Aprendi a ter grande respeito e admiração pelo empresário Severo Gomes, meu antecessor no Senado Federal, eleito diretamente pelo povo em 1982, pelo PMDB. Ex-ministro da Agricultura e da Indústria e Comércio dos governos Castelo Branco e Ernesto Geisel, Severo Gomes rompeu com os militares em 1977, ao deixar o ministério acusando as empresas multinacionais de agirem como "ilegítimos atores políticos com o único objetivo de realização de lucros". Ao participarem "desmesuradamente da economia do país", tornaram-se responsáveis pela excessiva concentração de renda, desigualdades regionais e deterioração das condições de vida dos grandes centros urbanos. Em 1979, deixou a Arena e se filiou ao MDB.

Em 1983, quando era deputado federal, Severo me convidou para integrar a Comissão Teotônio Vilela de Direitos Humanos. Fundada por ele durante a transição política, a comissão denunciava a violência institucional nas prisões e instituições fechadas, consolidadas na ditadura por meio da Lei de Segurança Nacional. O assassinato de seis pacientes no Manicômio Judiciário de Franco da Rocha levou o senador a reunir personalidades da sociedade civil e parlamentares para atuar em casos de violações de direitos humanos em estabelecimentos de privação de liberdade de adultos e de adolescentes, bem como em casos de violência cometida por agentes do Estado. Passamos a visitar manicômios, penitenciárias, unidades da Febem e os mais diversos lugares com denúncias de maus tratos. Ali estávamos Severo Gomes, Paulo Sérgio Pinheiro, Marilena Chauí, José Gregori, Margarida Genevois, Maria Ignês Bierrenbach, Maria Helena Gregori, Hélio Bicudo, Fernando Gabeira, Emir Sader, João Baptista Breda, Padre Agostinho Duarte de Oliveira, Jocélio Drummond, Maria Tereza Rocha de Assis Moura, Paulo Maldos, Radhá Abramo, Fernando Milan, Glauco Pinto de Moraes, Hélio Pellegrino e eu.

Como senador, Severo Gomes desenvolveu grande interesse pelos índios brasileiros. Dizia que os povos indígenas detinham o código de nossa civilização. "Éramos um país privilegiado por ter vivendo entre nós os descendentes de nossos pais fundadores". Em 1985, ao tomar conhecimento da invasão devastadora por garimpeiros do território dos índios Yanomâmi, o senador apresentou um projeto de lei para a criação de um parque, provocando a ira de militares, fazendeiros, mineradoras e garimpeiros interessados na extração de riquezas. Para a elaboração do projeto, Severo Gomes contou com a ajuda da extraordinária fotógrafa suíça Claudia Andujar, que chegou ao Brasil em 1955, e se entusiasmou com a causa indigenista por intermédio do antropólogo Darcy Ribeiro.

Ao viajar pelo país e América Latina, Andujar conheceu os Yanomâmi. Em 1971, escalada para fotografar uma edição especial da revista *Realidade* sobre a Amazônia, decidiu morar com os índios e defender os seus direitos, divulgando para o mundo o grave risco que corriam. O seu ativismo desagradou os militares e, em 1978, enquadrada na Lei de Segurança Nacional, foi expulsa do território indígena pela Fundação Nacional do Índio, a Funai. Em São Paulo, continuou a militância e criou a Comissão pela Criação do Parque Yanomâmi (CCPY). Os Yanomâmi – palavra criada a partir da expressão *Yanõmami thëpë*, que significa ser humano – são índios caçadores-agricultores que habitam o Brasil e a Venezuela. É a sétima maior tribo brasileira, com 22,5 mil pessoas distribuídas em 370 comunidades. No Brasil, concentram-se no noroeste de Roraima e no norte do Amazonas. As aldeias Yanomâmi ocupam a grande região montanhosa da fronteira com a Venezuela, numa área contínua de 9,4 milhões de hectares: a Terra Indígena

Em visita ao Parque Yanomâmi, com mães e crianças indígenas.

Yanomâmi. Na Venezuela, os Yanomâmi estão dentro da Reserva da Biosfera do Alto Orinoco-Casiquiare, com 8,2 milhões de hectares. A área total ocupada pelos Yanomâmi no Brasil e na Venezuela é de 192 mil quilômetros quadrados. Abrange a região entre as bacias dos rios Orinoco e Amazonas.

Com a invasão das terras Yanomâmi pelos garimpeiros, a saúde dos índios tornou-se muito precária e, em 1989, Severo Gomes decidiu organizar uma comitiva para visitar a área. O grupo constatou a urgência de medidas contra o genocídio dos índios. No mesmo ano, um decreto do presidente José Sarney retalhava o território Yanomâmi em dezenove "ilhas", cercadas por área de floresta, onde a mineração seria permitida. O governador de Roraima, Romero Jucá, apoiou a invasão. No Senado, Severo Gomes considerou o decreto presidencial ilegal, convocando a imprensa nacional e internacional para denunciar. Em abril de 1991, o presidente Fernando Collor de Mello revoga os decretos de Sarney e anuncia o Projeto de Saúde Yanomâmi em colaboração com as ONGs, incluindo a CCPY. Mas, a não demarcação do parque estimula os garimpeiros a continuar invadindo a área.

Logo que assumi minha cadeira no Senado, decidi dar continuidade a esse trabalho desenvolvido por Severo Gomes. Em 29 de outubro de 1991, o presidente Collor anunciou a homologação de 71 áreas indígenas em dezesseis Estados, em um total de onze milhões de hectares. Mas se omitiu em relação ao território Yanomâmi, fato considerado pelo presidente da Funai, Sydney Possuelo, como uma vitória dos setores militares, que receavam que a demarcação impedisse a entrada das Forças Armadas na área. Parlamentares de Roraima, em reunião com o ministro da Justiça, Jarbas Passarinho, argumentavam que a demarcação pretendida das terras Yanomâmi em território brasileiro se baseava em informações da Funai de 1984, e que estariam defasadas. O ministro, então, pediu um novo estudo para provar que os dados indicando a localização das aldeias e a quantidade de índios existentes continuavam atualizados.

Em 5 de novembro de 1991, o jornal *Folha de S. Paulo* publicou uma reportagem revelando que várias das homologações de áreas indígenas assinadas pelo presidente Fernando Collor de Mello estavam justificadas em estudos antropológicos tão ou mais antigos do que o estudo da área Yanomâmi. A grande diferença entre as áreas homologadas e a Yanomâmi era devido ao interesse econômico. O episódio gerou uma enorme repercussão. Segundo a Comissão pela Criação do Parque Yanomâmi, entre julho e outubro de 1991, a Funai recebeu 11.801 cartas e abaixo-assinados de pessoas e entidades de 35 países pedindo a demarcação do território Yanomâmi.

Ainda em novembro, o presidente Collor anunciou a demarcação do Parque Yanomâmi. O anúncio provocou a manifestação de grande número de deputados e senadores, representantes de Estados do Norte do Brasil, especialmente de Roraima e do Amazonas, contrários à

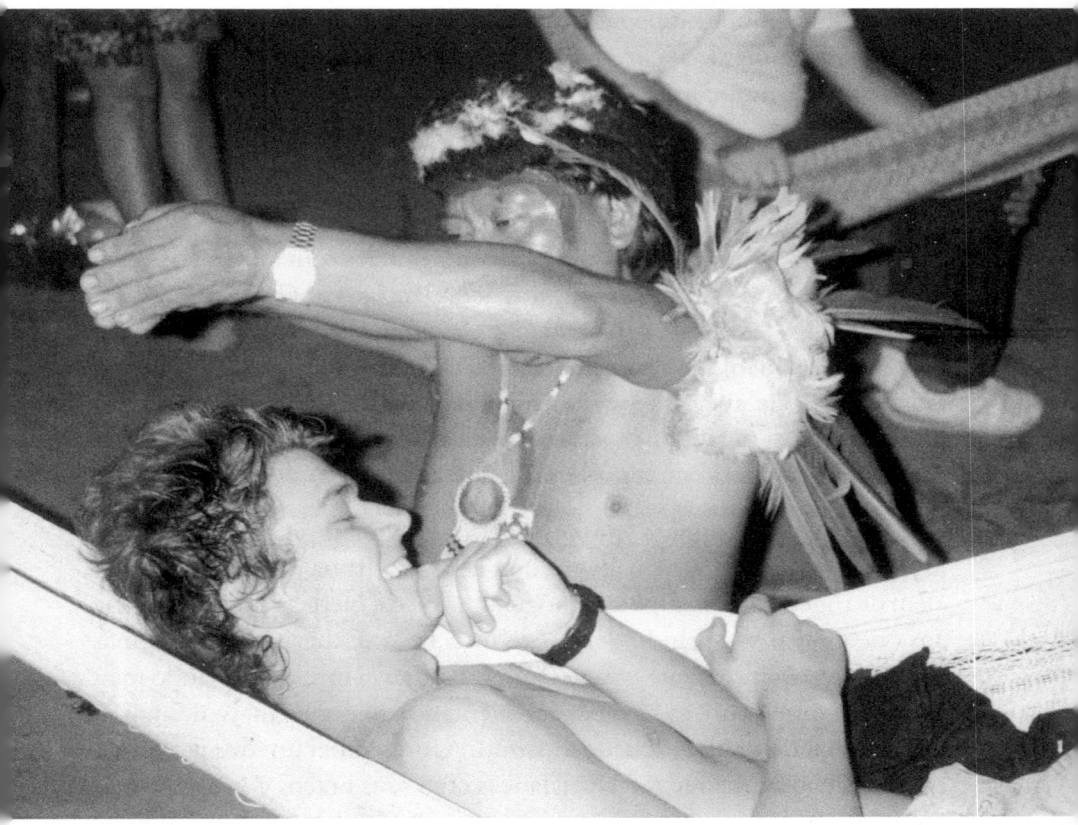

Na rede, João recebe pajelança depois de desmaiar.

medida. O próprio líder do governo no Senado, Marco Maciel (PFL-PE), encampou as críticas e convocou o ministro Jarbas Passarinho para prestar esclarecimentos sobre sua posição favorável à demarcação. O ministro, em seu depoimento no Senado, defendeu os argumentos a favor da demarcação da área Yanomâmi, mas foi minoria. A maioria dos senadores, incluindo os governistas, criticou a medida. Apenas eu e o senador Maurício Corrêa (PDT-DF) nos manifestamos favoravelmente. Eu tinha a clareza que era uma atitude de respeito aos índios, bem como um ato de defesa não apenas do Povo Yanomâmi, mas também da preservação ecológica de toda a região abrangida pelo território. Alguns senadores do Norte do país, numa tentativa de desqualificar a minha posição, diziam que eu não possuía conhecimento sobre essa realidade, por sequer ter pisado na área. Imediatamente me comprometi a visitar o território Yanomâmi.

Diante da minha decisão, Severo Gomes me apresentou à Cláudia Andujar, que presidia a Comissão pela Criação do Parque Yanomâmi (CCPY). Com a autorização do ministro Jarbas Passarinho e do presidente da Funai, marcamos a visita para a primeira semana de fevereiro de 1992. Além de Cláudia e eu, nos acompanharam Carlos Zacquini, também da CCPY, Davi Kopenawa Yanomâmi, liderança indígena, e meu filho João, então com 18 anos. Foram quatro dias de visita. Percorremos de avião as áreas Surucucu, Xidéa, Homoxi, a região do Demini, a área perto do rio Catrimani. Não restaram dúvidas sobre o acerto da decisão do governo em demarcar a área Yanomâmi.

Em uma das noites que passamos nas aldeias, presenciamos uma longa cerimônia de homenagem a um índio que havia falecido. Os pajés, além de ingerirem um rapé alucinógeno, *yãkõana*, ofereceram a substância aos que estavam assistindo dentro de uma roda. Experimentei algumas vezes e percebi levemente os seus efeitos. Mas levei um susto quando meu filho João, que também havia experimentado um pouco mais, desmaiou e caiu no chão. Fiquei preocupadíssimo. Acompanhei um dos pajés, que colocou João numa rede, fez pajelanças com seus braços e mãos até que recobrasse seus sentidos e ficasse inteiramente bem, para meu alívio.

Em Roraima, pude conversar com os médicos responsáveis pela coordenação do Distrito Sanitário da Fundação Nacional da Saúde, que relataram que com a abertura da Perimetral Norte, em 1973, e as invasões garimpeiras desde 1975, os índios Yanomâmi passaram a ter doenças como malária, tuberculose e calazar. Outras doenças, como a febre amarela silvestre e a hepatite B, foram diagnosticadas pela primeira vez em 1991. A oncocercose, conhecida como "cegueira dos rios", causada por um parasita transmitida por picada de insetos, que provoca lesões na pele e deficiência ocular, podendo levar à cegueira, também é endêmica na área e acomete 95% dos Yanomâmi maiores de 15 anos. O tratamento envolve a transferência para a Casa do Índio em Boa Vista, o que acarreta grande demanda de recursos materiais e humanos.

Ao voltar ao Senado, sugeri que fossem ampliadas, implementa-das e melhoradas a assistência de saúde, as ações de controle da malária, tuberculose, leishmaniose e desnutrição e os programas de vacinação e informação. Encaminhei as sugestões ao presidente da Funai, recomen-dando ainda maior coordenação entre o Ministério da Saúde e as Forças Armadas, particularmente o Exército e a FAB, visando a melhoria das condições de saúde dos indígenas. Ao fazer meu pronunciamento, um dos senadores de Roraima, César Dias, elogiou-me por ter ido ao seu Estado. Ponderou que já havia visitado os Yanomâmi algumas vezes, e que certa vez contraiu malária. Era a favor da demarcação da área Yanomâmi, mas não gostaria que misturássemos soberania nacional com problema indigenista. Considerava muito grande a área, de 9,4 milhões de hectares, para pouco índio. O estado de Roraima estava sendo comprimido, e as regiões do Parima e Surucucu possuíam as mais ricas jazidas minerais do planeta Terra. O senador havia apresentado um Projeto de Decreto Legislativo que sustava a demarcação da área, pois achava que "a popu-lação Yanomâmi não devia segregar-se num continente exclusivamente deles, porque eles guerreavam entre si, sacrificavam primogênitos do sexo feminino e os outros filhos que nascem quando as crianças estão pequenas". Argumentava que o Brasil só seria rico se fizesse aflorar as suas riquezas e defendia que a demarcação fosse descontínua.

O processo de demarcação de uma terra indígena no Brasil segue etapas específicas como a delimitação, a desintrusão, que é a medida legal tomada para concretizar a posse efetiva da terra no final do pro-cesso, e a proteção. Esses três procedimentos são considerados condição essencial para a sobrevivência física e cultural desses grupos. O território adequado deve ser entendido como uma área calculada em função das características do sistema produtivo dos indígenas, como as plantações e a caça, da sua cultura, dos seus costumes, com base na sua evolução demográfica e em suas próprias estratégias de intercâmbio. A proposta de delimitação da Funai de 1984, reapresentada em 1991, demarcando um território único, e não pequenas áreas isoladas, foi ratificada repe-tidamente por decisões da Justiça Federal.

Três meses depois da minha visita ao parque Yanomâmi, o presidente Collor assinou o decreto que homologou a demarcação administrativa promovida pela Funai da Terra Indígena Yanomâmi, localizada nos municípios de Boa Vista, Alto Alegre, Mucajaí e Cacaraí, no Estado de Roraima, e Santa Izabel do Rio Negro, Barcelos e São Gabriel da Cachoeira, no Estado do Amazonas. A ocupação tradicional e permanente dos indígenas tem superfície de 9,6 milhões de hectares e perímetro de 3.370 km. Finalmente, efetua-se a operação de retirada dos garimpeiros invasores para que se efetive a demarcação do território. A homologação foi assinada pelo presidente em 25 de maio de 1992, pouco antes da Conferência do Meio Ambiente Rio-92, graças à vasta campanha nacional e internacional em defesa do Parque Yanomâmi.

CAPÍTULO III

A QUEDA PARA O ALTO

Em dezembro de 2000, o diretor Miguel Rocha, do Grupo de Teatro Jovem de Heliópolis, convidou-me para que eu gravasse um vídeo, que seria apresentado no início da peça *A Queda para o Alto*, relatando como eu havia conhecido Anderson Herzer (1962-1982), conforme o prefácio escrito para o livro de mesmo título, hoje considerado a primeira autobiografia de uma pessoa transgênera no Brasil. Eu aceitei o convite na hora. Tocou-me a notícia de que trinta jovens iriam representar a peça escrita há 40 anos, mas que permanece tão atual e provocando interesse em tantas pessoas até hoje.

Preferi fazer a apresentação da história ao vivo, no teatro, em vez de gravá-la em vídeo. Depois de uma primeira apresentação, no Teatro Ipiranga, muito aplaudida, houve uma segunda no Centro Cultural de Heliópolis, na sede da União das Associações de Moradores de Heliópolis (UNAS). Aproveitei e chamei o teatrólogo José Celso Martinez Corrêa para assistir. Ele gostou tanto que convidou o grupo para apresentar a peça no Teatro Oficina. Dado o sucesso, o Sesc convidou-os para fazer mais doze apresentações em São Paulo, Santos, Araraquara, Ribeirão Preto e Rio de Janeiro. Fiz a apresentação em todas. A peça que conta a história de Anderson Herzer provoca interesse nas novas gerações, e participar da representação foi muito importante pra mim.

Conheci Anderson Herzer em 1979, através da advogada Lia Junqueira, presidente do Movimento em Defesa do Menor. A Fundação Estadual do Bem-Estar do Menor de São Paulo (Febem) vinha sendo denunciada por maus-tratos. Criada em 1976, a partir da Fundação Pró-Menor, foi idealizada em 1973, no auge da ditadura militar, com base na Doutrina de Segurança Nacional. Em vez de educar, a Febem encarcerava em seus grandes complexos crianças e adolescentes carentes e abandonados junto com infratores. Com a justificativa de conter a marginalidade, policiais assumiram o lugar de educadores e introduziram a violência no trato diário com os jovens.

Eleito deputado estadual pelo MDB de São Paulo, quando assumi, passei a acompanhar as denúncias de violência. Junto com Lia Junqueira, fui me inteirando dos gravíssimos desvios de procedimentos que impediam qualquer tentativa de ressocialização. Visitei diversas unidades da Febem na Imigrantes, no Pacaembu, no Tatuapé (masculina) e na Vila Maria (feminina), todas com queixas de espancamentos, trabalho forçado e censura de correspondência por parte dos responsáveis, diretores, monitores e vigias. Assim que chegavam às unidades, os menores eram espancados. À noite, adolescentes eram postos em um paredão e recebiam surras de funcionários. O objetivo era espalhar o terror.

Com as graves denúncias, no dia 15 de junho de 1979, a Assembleia Legislativa de São Paulo aprovou a criação de Comissão Especial de Inquérito dos Menores, com o apoio de todos os deputados da oposição, para investigar desvios na Febem. Um dos principais acusados era o inspetor de polícia, Humberto Marini Neto, que havia dirigido diversas unidades da fundação, com dois processos em andamento na Corregedoria de Menores e na Febem, além de inúmeras sindicâncias paralisadas.

Certo dia Lia Junqueira convidou-me para conhecer a jovem Sandra Mara Herzer, com 17 anos e meio, que vivia na Febem desde os 14 anos, sem nunca ter cometido qualquer delito. Segundo a advogada, o Juiz de Menores havia dito que caso alguém se responsabilizasse por ela e oferecesse um trabalho que garantisse moradia, transporte e alimentação, Sandra Mara seria liberada. Aceitei na hora.

Anderson Herzer, aos 18 anos, quando veio trabalhar em meu
gabinete na Assembleia Legislativa de São Paulo.

Naquele dia fui apresentado ao deputado estadual Eduardo
Matarazzo Suplicy, que se encontrava na sede do movimento.
Conversamos por longo tempo a respeito de vários assuntos,
primeiramente a respeito de algumas desavenças ocorridas dentro da Febem, e o fato de o sr. Humberto ter pego, sem minha
autorização, meus trabalhos poéticos, tentando publicá-los em
nome da Febem. Depois de muito conversar, fez a mim algumas
perguntas, como por exemplo minha idade, o motivo pelo qual
fui à Febem, o que faria ao sair de lá e conforme eu respondia
ele me olhava profundamente nos olhos, tinha um jeito sereno
de falar que me trazia segurança, por fim, num quase que sorriso, deu-me uma folha de papel, pediu que eu redigisse uma
carta à Febem, ou seja, à presidência, o dr. Machado, pedindo a
devolução de meus trabalhos poéticos, aproveitando na mesma
para pedir permissão para trabalhar em seu gabinete na Assembleia Legislativa do Estado de SP. Logo recebo das mãos do sr.

Humberto minhas poesias de volta, embora ele tenha entregue com muito mal gosto.[6]

Ao conhecer Sandra Mara, como foi apresentada a mim, ou Anderson, como ele gostava de se identificar, fiquei impressionado com a qualidade dos poemas que escrevia. Disse então que considerava relevante publicar não apenas os seus poemas, mas também a sua própria história. Convidei-o para trabalhar em meu gabinete, ainda que por modesta remuneração bancada por mim, pois não havia vagas na Assembleia Legislativa. Dei-lhe a função de aprender as providências do gabinete, mas ressaltei que a principal tarefa seria a de escrever um depoimento sobre sua vida.

Sandra Mara

Nascida em Rolândia, no Paraná, Sandra Mara Peruzzo perdeu o pai aos quatro anos. Ele era dono de um bar e morreu assassinado. Sua mãe, com dificuldade de manter a família, se prostituiu e faleceu vítima de doença venérea. A menina foi morar com a querida avó, que morreu pouco tempo depois. Mudou-se para a casa da tia, casada com um homem mais velho, e foi adotada, passando a assinar Sandra Mara Herzer. Primeiro foram morar em Foz do Iguaçu, mudando-se em seguida para São João Clímaco, vizinho a Heliópolis, em São Paulo.

Sandra Mara começou a escrever poemas com 12 anos de idade. Aos 13, teve um namorado, Bigode, com cerca de 30 anos, de quem gostou muito, mas que infelizmente morreu num desastre de moto. A adolescente tatuou em seu pulso o nome "Big" e passou a usar o apelido. Com 14 anos, não dormia mais em casa. Saía ao entardecer e só voltava na manhã seguinte. Passava as noites bebendo no Dog, um bar-lanchonete.

---

[6] HERZER, Anderson. *A queda para o alto*. Petrópolis, RJ: Vozes, 1982, pp. 128/129.

Nessa época, a família a internou pela primeira vez na Comunidade Terapêutica Enfance (CTE). A ironia, reforçada por Sandra Mara, é que, na lanchonete, nunca havia provado nenhuma droga. Experimentou no CTE com um grupo de meninas o Optalidon, remédio a base de anfetaminas e cafeína que produz energia e coragem. Gostou tanto, que na primeira oportunidade adquiriu vários comprimidos, distribuídos entre as colegas. Expulsa da comunidade, voltou a morar com a família.

Entretanto, os problemas em casa se agravaram quando decidiu relatar ao pai que a mãe tinha um caso extraconjugal, fato que não admitia. O pai ouviu, sentiu um golpe duro, abaixou a cabeça, mas nada disse. As consequências foram as piores.

> Talvez meu pai já pensasse em fazer isso antes, ou talvez tenha sido algo que pensou naquele momento. Senti seu corpo tocar no meu corpo, e suas mãos me apertaram, aquelas mãos que antes eram tão dóceis e tão paternas, tornaram-se imundas e nojentas. Sim, meu pai me desejava.[7]

Sandra Mara correu, mas seu pai a alcançou e golpeou com força seu braço esquerdo, que, engessado, nunca mais voltou a ser perfeito. A mãe decidiu encaminhá-la para a Febem, onde viveu dos 14 aos 17 anos e sem ter cometido crime algum. No livro, registrou o impacto da sua internação: "Febem... um encontro direto com a marginalização!".

Ressalva

Aqui abro um parêntese para explicar a razão de no meu prefácio à primeira edição do livro ter dito que apesar de Anderson Herzer preferir ser tratado pelo masculino, eu o tratava como Sandra. Naquela época, não havia esse entendimento das questões de gênero. Em todos os momentos, convivi administrativamente com a Sandra Mara, seja

---

[7] HERZER, Anderson. *A queda para o alto*. Petrópolis, RJ: Vozes, 1982, pp. 43/44.

na unidade feminina da Febem, buscando alternativas com a advogada Lia Junqueira; no entendimento com o Juiz de Menores; ou no registro de trabalho na Assembleia. A maneira como se vestia sempre foi por mim respeitada.

Nos últimos tempos, quando comecei a trabalhar mais intensamente com pessoas transexuais, inclusive tendo dois representantes entre os 55 vereadores de São Paulo, além de funcionárias no meu gabinete, tenho ampliado o meu entendimento sobre identidade de gênero e o direito do respeito, especialmente para que pessoas transgêneras, como Anderson Herzer, possam adotar o nome social, pelo qual se identificam, nos documentos de identidade.

Anderson Herzer

Nascida mulher, Sandra Mara mais e mais se identificava como homem. Usava camisetas, calça, passou a cortar o cabelo como os de um rapaz e a se identificar como Anderson. Herzer tinha uma grande sensibilidade e percepção do mundo que conhecera. A sua dificuldade era ser aceito do jeito que era, do jeito em que se sentia consigo mesmo. E foi na Febem que ele entendeu melhor a sua sexualidade.

> Uma noite, estava sentada no pátio, quando meus olhos depararam com o ato amoroso de duas meninas que se beijavam e se abraçavam carinhosamente, até que alguém as alertou que o inspetor se aproximava. Eu fiquei pensando, recordando o jeito como uma delas se trajava, forçando um tipo masculino, embora tivesse gestos muito femininos: seu modo de andar, seu corpo. Era uma garota que mais tarde vim a conhecer como sendo um dos "machões" da unidade. Algumas tinham um tipo mais masculino. Aquilo não me assustou, embora eu não soubesse de tal existência.
> De outro lado, desde a minha infância, eu tive jeito de menino. Dentro de mim tinha um grande desejo de ter nascido menino. Portanto, para mim, pelo meu modo de agir, foi uma grande

descoberta saber que para se ter uma mulher, para se vestir como um homem, não seria necessário ser um. Aquilo me cativou desde o início. Aqueles dias me ajudaram a me definir melhor. Eu já tinha meus planos, sabia exatamente como assumir a minha personalidade publicamente, era como seu eu tivesse desabrochando naquele instante.[8]

Anderson passou a ser conhecido como Bigode.

Os pelos começaram a se desenvolver em mim, nas pernas, axilas, peito, costeleta. A pressão piorou quando o diretor viu a minha perna. Eu não me preocupava muito, pois eu havia assumido e dizia a qualquer um que não cederia às pressões como espancamentos, ou outros tipos de castigo. Eu precisava assumir perante minha família o meu amor por uma mulher, para que entendessem que a minha verdade era segura: eu era homossexual, ponto final.[9]

O diretor da unidade, Humberto Marini Neto, denunciado por ser extremamente violento, recebia acusações gravíssimas, como a de promover espancamentos diários.

Nessa época alcancei o auge, meu apelido se espalhou por todos os lados, meninas que chegavam novas, entravam perguntando quem era o Bigode, pois ouviram falar de mim. Sempre tive muita vaidade, mas com tantos elogios, eu só poderia me sentir cada dia mais importante. Mas, atrás de todas as coisas boas, também havia as coisas ruins, que não eram ditas e sim gritadas, aos pontapés e muitos e muitos tapas no lugar em que um ser humano sente dupla dor, em sua própria face. Eu já estava acostumado a apanhar e, portanto, não tinha mais medo de nada.[10]

---

8   HERZER, Anderson. *A queda para o alto*. Petrópolis, RJ: Vozes, 1982, p. 55.

9   HERZER, Anderson. *A queda para o alto*. Petrópolis, RJ: Vozes, 1982, pp. 67e 70.

10   HERZER, Anderson. *A queda para o alto*. Petrópolis, RJ: Vozes, 1982, pp. 76/77.

Eufórico com a notícia que seu livro seria publicado, Anderson percebeu que Humberto Marini Neto não aceitaria fácil sua liberdade ao ameaçar encaminhá-lo a um manicômio judiciário, onde seria tratado com choques, dopado e continuaria a ser espancado.

> Todas as noites o carro me leva de volta à Febem até que minha liberdade seja legalizada perante o Juiz Corregedor de Menores. As coisas pioraram, apanhei à noite. O sr. Humberto disse que eu só sairia de lá quando estivesse de "bigode branco". No dia seguinte, na Assembleia, conto ao sr. Eduardo o que havia acontecido. Graças aos céus a minha assistente social havia recebido o ofício me desligando da unidade. Daquele momento em diante eu estava nas mãos do sr. Eduardo. Eu confiava nele mais do que nas minhas próprias decisões.[11]

Ao deixar a Febem, Anderson lamentou o futuro dos que ficavam, vítimas de maus tratos e humilhações. Foi então que prometeu fazer algo por todos e todas que continuavam naquele inferno: contaria tudo o que se passava lá dentro. E foi o que fez.

> Em um final de semana fui convidado pelo deputado Suplicy a almoçar em sua residência no domingo. Ao chegar na casa dele, tive uma surpresa que me fez radiante. Uma pessoa me é apresentada, Rose Marie Muraro, da Editora Vozes. Durante o almoço discutimos novos planos para minha liberdade como o fato de eu escrever um livro, contendo poesias. Daí a ideia de transpor neste livro fases da minha vida, e é lógico que me fixei na fase mais constrangedora, minha estadia na Febem.[12]

---

[11] HERZER, Anderson. *A queda para o alto*. Petrópolis, RJ: Vozes, 1982, pp. 130 - 131.

[12] HERZER, Anderson. *A queda para o alto*. Petrópolis, RJ: Vozes, 1982, p. 130.

Anderson Herzer em um dia especial, em 1981.

A dor

No início de 1982, Anderson Herzer se inscreveu em um concurso para ser efetivado na Assembleia Legislativa. Entretanto, no dia, o fiscal responsável pelo exame duvidou de sua identidade. "Como você, sendo Sandra Mara Herzer, vem aqui fazer o exame vestida de homem?" Aquilo foi muito violento. Anderson ficou muito tenso e acabou reprovado no exame. No dia em que o reencontrei, veio me mostrar o poema "Minha Vida, Meu Aplauso", em que no final morre. Eu disse que não deveria se preocupar, pois seu livro seria publicado em dois meses pela Editora Vozes.

Infelizmente, poucos dias depois do concurso, a amiga com quem morava me telefonou preocupada para contar que Anderson havia saído, dizendo que ia para a Avenida 23 de Maio. Pedi que o procurasse e dissesse para me ligar, que queria muito conversar. Às seis da manhã, recebi uma ligação me informando terem encontrado uma pessoa gravemente ferida, que havia se jogado de um viaduto, que estava sendo levada para o Hospital das Clínicas. No bolso, havia um papel com meu nome e telefone. Fui imediatamente ao Hospital das Clínicas, ainda o encontrei vivo. Entretanto, enquanto eu doava sangue por solicitação dos médicos, Anderson faleceu no dia 10 de agosto de 1982, um mês antes do lançamento de sua autobiografia.

O livro continha denúncias sobre a Febem. O principal objetivo era relatar os fatos para que diminuíssem a violência, a corrupção, a tortura e o massacre de crianças e adolescentes que necessitavam apenas de amor e compreensão. Foi o publicitário Carlito Maia quem sugeriu o título do livro *A Queda para o Alto*.

Até hoje, 40 anos depois de publicado, *A Queda para o Alto* ainda é muito lido, sobretudo pelos jovens na periferia. Mais de 25 edições foram publicadas desde então. Como a primeira biografia de uma pessoa transexual, o livro continua a emocionar e a nos ensinar. A Editora Vozes planeja a 26ª edição, dessa vez com os prefácios do vereador Thammy Miranda (PL), homem trans, e da vereadora Érica Hilton (PSOL), mulher transexual, meus companheiros na Câmara Municipal de São Paulo. Em meu gabinete tenho duas excelentes funcionárias trans, Noelia Presley e Ciara Pitiman, além de estagiárias. A oportunidade dada serviu de exemplo para que outros gabinetes também fizessem contratações, o que me deixou bastante feliz.

Encerro aqui com *Mataram João Ninguém*, um dos poemas mais belos e sensíveis de Anderson Herzer.

> Mataram João Ninguém
> Quando o próximo sangue jorrar
> daquele por quem ninguém irá chorar,
> daquele que não deixará nada para se lembrar
> daquele em quem ninguém quis acreditar.
> Quando seus olhos só puderem fitar o escuro
> quando seu corpo já estiver inerte, frio e duro,
> quando todos perceberem morto João Ninguém
> e quando longe de todos ele será seu próprio alguém.

Tantas mãos, tantas linhas incertas,
tantas vidas cobertas, sem ninguém pra sentir,
Tantas dores, tantas noites desertas
tantas mãos entreabertas, sem ninguém pra acudir.
Qualquer dia vou despir-me da luta
pisar em coisas brutas, sem me arrepender.
Tão difícil ver a vida assassinada
quando estamos já tontos pra tentar sobreviver.
As perguntas sem respostas, sem nada,
as vidas curtas e desamparadas
o último grito que não foi ouvido
calaram mais um homem iludido.
E no mundo não dão mais argumentos
pra fugir aos lamentos
de quem sozinho falece.
Para esses, não há mais compreensão,
não há mais permissão, para que se tropece.
Na televisão, o aguardo da cotação
um instante ocupado, para dizer morto João Ninguém
mas a aflição ataca, a cotação subiu ou caiu?
e João morreu... ninguém ouviu.
Eu vou distribuir panfletos,
dizendo que João morreu
talvez alguém se recorde
do João que falo eu.
Falo daquele mendigo que somos
pelo menos em matéria de amor,
daquele amor que esquecemos de cultivar
o qual com tanto dinheiro, ninguém jamais coroou.[13]

---

[13] HERZER, Anderson. *A queda para o alto*. Petrópolis, RJ: Vozes, 1982, pp.146.

Ao lado de Joan Baez, no Tuca lotado, após ela receber a notícia de que seu show estava proibido pela Polícia Federal, em 23 de maio de 1981.

CAPÍTULO IV

JOAN BAEZ

A primeira vez que assisti Joan Baez cantar foi em 1972, na Califórnia, enquanto fazia cursos de pós-graduação na Universidade de Stanford, nos Estados Unidos. Com a Marta e meus filhos Eduardo e André, fomos a um concerto no Estádio de Futebol, em San José, perto de Palo Alto. Uma dos expoentes do movimento de contracultura nos anos 1960, cantora de folk, ela se destacava por suas músicas de protesto, a favor da paz e contra as guerras, com letras de forte engajamento político. O momento era de contestação e me impressionei não apenas pela sua bela voz e pela sua forte presença, mas também pela intensa interpretação das músicas, especialmente *Blowin' in the Wind,* composta por Bob Dylan, outro ícone do momento. Foi uma experiência marcante e me tornei seu grande fã.

Os americanos acompanhavam apreensivos as brutalidades cometidas na Guerra do Vietnã por meio da ampla divulgação de imagens pela mídia, inclusive nas TVs. De 1964, quando os Estados Unidos enviaram soldados para a zona de conflito, até 1973, ano da assinatura do Acordo de Paz de Paris, 2,5 milhões de jovens foram mandados para a guerra. Nessa época, Joan Baez já tinha grande destaque pela militância política a favor dos Direitos Civis e seus shows mobilizavam milhares de pessoas. Defendendo o discurso da não-violência, ela marchou ao lado de Martin Luther King contra a segregação racial; participou de protestos a favor do direito das minorias, como LGBTQIA+, mulheres e indígenas; apoiou as atividades da Anistia Internacional; foi uma das fundadoras do *Humanitas International Human Rights Committee*; e se aliou à resistência democrática nos países latino-americanos vítimas das ditaduras militares.

Com tantas referências positivas, em 1981, recebi com alegria os organizadores da primeira viagem de Joan Baez ao Brasil, que me procuraram na Assembleia Legislativa. Eu era deputado estadual. A cantora queria conhecer o presidente do Sindicato dos Metalúrgicos do ABC, Luis Inácio Lula da Silva, de quem muito ouvira falar, e precisava de um contato. Eu logo me prontifiquei a ajudar e acabei acompanhando toda a interessante visita dela a São Paulo.

O clima no Brasil era de intranquilidade. Uma semana após o atentado do Riocentro (RJ), quando uma bomba estourou dentro de um carro com dois militares, matando um, que planejavam uma ação de grandes proporções, durante as comemorações do Dia do Trabalho. Os cinco shows de Joan Baez, em quatro cidades brasileiras, acabaram cancelados. O Brasil, presidido pelo general João Baptista Figueiredo, ainda vivia sob o regime militar. A situação de insegurança e o temor de represálias não impediram que a cantora mantivesse a sua viagem ao Brasil. A visita fazia parte de uma turnê pela América Latina. Ela chegou ao país depois de visitar a Argentina e o Chile, onde teve vários problemas. Em São Paulo, a situação parecia estar relativamente tranquila.

Assim, no dia 22 de maio, no final da manhã, levei Joan Baez para São Bernardo do Campo, ao Sindicato dos Metalúrgicos, onde ela teve um ótimo e prolongado diálogo de mais de duas horas com Lula. Ela estava gravando um documentário sobre a América Latina para a televisão norte-americana e queria a opinião do líder metalúrgico sobre greves, o novo sindicalismo e a expectativa da abertura política. Servi como intérprete e acabamos almoçando no sindicato. À tarde, fui apresentar alguns lugares de São Paulo, entre eles a Faculdade de Direito do Largo São Francisco. Lá, no pátio, debaixo das arcadas, ela cantou para um grande número de estudantes, à capela, a música de Geraldo Vandré, *Pra não dizer que não falei das flores*. Foi um momento emocionante em que ela foi muito aplaudida.

No dia seguinte, a programação previa a participação de Joan Baez na abertura de um show com diversos cantores no Tuca, o teatro da Pontifícia Universidade Católica de São Paulo, às 18h30. Porém, às 18h, dois agentes da Polícia Federal a procuraram em seu quarto no Hotel Comodoro e entregaram um documento comunicando que a exibição estava proibida pelo Serviço de Diversões Públicas, porque não havia sido feita solicitação de alvará da apresentação. Depois de dar diversos telefonemas, decidimos ir até a sede da Polícia Federal. Chegando lá, redigi um documento informando sobre a apresentação e relacionando todas as músicas que seriam cantadas, inclusive as *Bachianas Brasileiras* de Villa Lobos. Mas o delegado de plantão se recusou a receber. Apesar da minha insistência, o esforço foi em vão. Joan Baez estava tendo uma mostra de como funcionavam as nossas instituições. Em sinal de protesto, ao sair da PF, do lado de fora, Joan Baez ainda cantou *Gracias a la vida*, de Violeta Parra. Seguimos, então, direto para o Tuca, onde chegamos às 20h30.

O teatro estava lotado, com mais de 1,5 mil estudantes ansiosos pelo show. Logo na porta, encontrei o meu grande amigo e treinador de boxe, Lúcio Inácio da Cruz, que era agente da Polícia Federal, e com quem convivi dos 15 aos 21 anos. Ele reforçou para mim que o show estava proibido. Depois de conversar rapidamente com os organizadores e diante das manifestações da plateia, que gritava impaciente o seu nome e a aplaudia, Joan Baez decidiu, ela mesma, subir ao palco e relatar o ocorrido. Disse que havia sido proibida de se apresentar pela polícia e que acataria a decisão para não prejudicar ninguém. O público, revoltado, passou a vaiar fortemente por vários minutos.

Joan Baez deixou então o palco e resolveu se sentar ao meu lado na plateia, em meio aos estudantes. Diante do entusiasmo de todos, eis que, de repente, de sua poltrona, ela começou a cantar *Blowin' in the Wind*, sem qualquer tipo de acompanhamento. Aquela linda voz encheu de energia o teatro, que reagiu calorosamente. Em seguida, interpretou *Imagine*, de John Lennon, junto com o público, que foi ao delírio. Ao se levantar para deixar o Tuca, as milhares de vozes presentes começaram a cantar *Pra não dizer que não falei das flores*, de Geraldo Vandré. Foi uma noite memorável, muito emocionante, que marcou a todos. No dia seguinte, ela embarcou para o Rio de Janeiro para continuar a turnê.

Eu fiquei encantado por Joan Baez. Além da bela voz, e de achá-la muito bonita, defendíamos os mesmos ideais de justiça, de liberdade, de não-violência e admirávamos líderes como Martin Luther King Jr. e Nelson Mandela. Apesar de ter uma palestra marcada para o dia seguinte, no final da tarde, em Brasília, na hora de embarcar decidi mudar o meu destino e seguir para o Rio. Fui encontrá-la no Hotel Excelsior e a convidei para almoçarmos no Copacabana Palace. Era incrível, porque tínhamos muitos assuntos interessantes em comum. Carinhosamente, Joan Baez falou que eu a lembrava uma pessoa de quem ela gostava muito. Acabou o almoço, e voltamos caminhando para o hotel. Como eu tinha que confirmar a minha palestra em Brasília, subi ao quarto dela para usar o telefone. Enquanto eu falava, ela veio até mim e me deu um beijo muito especial na minha boca. Foi só isso que aconteceu. Nos despedimos, e fui embora. Liguei, então, para a Marta e resolvi contar a minha aventura. "Marta, ainda não estou em Brasília, parei no Rio de Janeiro para continuar a conversa com a Joan Baez". Ela ficou muito brava, e eu segui viagem para Brasília.

Tempos depois, Joan Baez convidou o Lula e a mim para um seminário sobre Direitos Humanos no Instituto Humanitas, na Califórnia. Lá estivemos juntos. Há uma foto dela cantando, com violão, para mim e para o Lula. Nunca mais tive qualquer contato. Em algumas ocasiões tentei me comunicar, mas não consegui. Até que, em 2014, recebi a boa notícia que ela retornaria ao Brasil pela primeira vez após o fim da ditadura para uma turnê pelo país.

O retorno

Era março de 2014, quando a cantora retornou ao Brasil, ao ser entrevistada pelo jornal *O Estado de S. Paulo*, Joan Baez expressou a vontade de me encontrar novamente em São Paulo. Tive a oportunidade de assistir a dois shows de seu parceiro Bob Dylan no Brasil, em 2008 e 2012, mas em nenhum deles ele cantou *Blowin' in the Wind*. A vinda dela foi organizada por Jânio Quadros Neto, que se tornara meu amigo. Telefonei a ele e tive a honra de ser convidado para jantar com ela no

No Teatro Bradesco, em 2014, quando Joan Baez me
convidou para cantar com ela *Blowin' in the Wind*.

restaurante Gero. Além de Joan Baez e Jânio Quadros Neto, levei meus
filhos músicos, Supla e João. Foi uma noite muito agradável. Conversamos sobre música, política e apresentei a proposta da Renda Básica
de Cidadania, que ela gostou muito.

Ao saber do meu hábito de cantar *Blowin' in the Wind* em conferências pelo Brasil e pelo mundo, para minha surpresa, Joan Baez me
convidou para cantarmos juntos no show programado para o dia seguinte,
no Teatro Bradesco. Passados 33 anos do nosso primeiro encontro, foi
muito especial sentir que continuávamos a defender os mesmos ideais.
Com a mesma idade que eu, achei ela bem bonita.

No show, Joan Baez interpretou músicas clássicas de seu repertório,
como *Diamonds & Rust*, *The House of Rising Sun*, *Suzanne*, *Imagine* e a
tradicional *Gracias a la vida*, em espanhol. Incluiu três músicas brasileiras,
cantadas em português, *Mulher rendeira*, *Acorda, Maria Bonita* e *Cálice*. Mas,
para mim, houve dois momentos inesquecíveis. O primeiro, quando ela
chamou Geraldo Vandré ao palco, que se retirou da vida pública em 1973,

após sofrer com sequelas provocadas pela tortura e pelo exílio durante a ditadura militar. Vandré não cantou. Bastante emocionado e muito aplaudido, todos de pé, por dois minutos. Ele ouviu Joan Baez interpretar *Pra não dizer que não falei das flores*, acompanhada por todo o público no teatro.

O segundo momento especial foi quando ela me chamou ao palco e acompanhou no violão a minha interpretação de *Blowin' in the Wind*. Foi um grande privilégio e mais uma vez pude sentir a força dessa música ao lado de uma cantora extraordinária. Foi muito significativo para mim viver essa experiência.

Após a apresentação, fui com meus três filhos Supla, André e João cumprimentá-la no camarim. Ela fez muita festa e aproveitei para apresentar a Mônica, na época minha namorada. E ela, em inglês, com seu bom humor, brincou: "Muito prazer, Mônica. Mas achei que a namorada do Eduardo fosse eu!". Definitivamente, foi um reencontro memorável.

CAPÍTULO V

MANO BROWN E OS RACIONAIS

Assistir pela primeira vez a um show dos Racionais MC's ao vivo provocou um impacto transformador na minha vida. Foi em 1994, num grande showmício da campanha eleitoral do PT no Grajaú, extremo sul da cidade de São Paulo. Lula era candidato à Presidência da República; José Dirceu, a governador de São Paulo; e Luiza Erundina, a senadora. Quando chegamos, uma multidão, cerca de dez mil pessoas, ocupava o local do comício. No trajeto, reparei uma grande quantidade de lambe-lambes colados nos muros convidando para o evento, com destaque para o show de rap dos Racionais MC's. Os showmícios aconteciam depois dos discursos dos candidatos e atraiam milhares de eleitores. Por causa dos elevados custos, eles acabaram proibidos pela legislação eleitoral em 2006.

Acostumados a comícios de campanha, o ritual sempre se repetia. Chegávamos, cinco ou seis discursavam no palanque, Lula fazia o encerramento político, e os shows vinham em seguida. Naquele dia, percebi um público diferente, a maioria de jovens. Os oradores começaram a discursar e, nos intervalos, o público gritava "queremos Racionais, queremos Racionais". Como fui um dos primeiros, ainda consegui falar, mas o apelo da multidão se intensificou de tal forma, que vários desistiram, deixando a palavra para o Lula.

Eu já tinha ouvido falar dos Racionais, mas vê-los subir ao palco e acompanhar a multidão entrar em delírio, cantando junto suas letras longuíssimas, foi uma surpresa. Ao sentir aquela energia e o envolvimento do público, me dei conta da relevância do grupo formado por Mano Brown, Ice Blue, KL Jay e Edi Rock. As músicas, com duração média de oito minutos, eram um grito de liberdade da juventude da periferia, que se identificava com a descrição do cotidiano abandonado nos bairros populares de áreas marginalizadas. Uma das características do rap é a letra de protesto em forma de discurso, numa linguagem simples e direta.

O rap é a vertente musical do hip hop, movimento social, político e cultural, que surgiu em 1968, reunindo jamaicanos, afro-americanos e latino-americanos, no distrito de Bronx, em Nova York (Estados Unidos). Criado num cenário urbano, com uma cultura de rua, repleta de grafites, o hip hop mobilizou milhares de jovens excluídos das periferias das cidades, denunciando as imensas desigualdades sociais, o racismo, o preconceito, a pobreza, a violência e a marginalidade a que eram vítimas. O Bronx era uma região muito pobre e violenta de Nova York, com maioria de negros e latinos. O movimento hip hop deu visibilidade a um cotidiano invisível com a filosofia de contestar a violência sem o uso de violência.

Em 12 de novembro de 1973, o disc jockey Afrika Bambaataa fundou a Zulu Nation, uma organização que promovia protestos através da arte e do lema "Paz, União e Diversão". Bambaataa foi considerado o criador do termo *hip* (quadril) *hop* (pular, saltar ou dançar), que designava um conjunto de manifestações culturais que se davam em quatro frentes: os MCs (mestre de cerimônias), os Djs (disc jockeys), o break (ritmo de dança) e o grafite (artes plásticas). A união dos MCs com os DJs produziu o RAP (*rhythm and poetry*), ritmo e poesia. Com uma base musical do Dj, o MC denuncia a desigualdade e a discriminação nas periferias com poemas de protesto. O cenário do rap é acrescido de dança, o *break*, com movimentos rápidos e malabarismos corporais, e dos grafites nas ruas.

Uma das principais influências musicais foi a do rei da *soul music*, James Brown. Com uma infância miserável e conturbada, além de várias prisões, o cantor participou ativamente dos movimentos políticos e sociais

Edi Rock, KL Jay, Ice Blue e Mano Brown, dos Racionais MCs.

nos anos 1970, nos EUA, defendendo o orgulho e os direitos civis dos negros em todo o país. A luta pelas mesmas condições dos brancos favoreceu a disseminação de ritmos que não tinham espaço nas gravadoras. James acabou inspirando o jovem Pedro Paulo Soares Pereira, do Capão Redondo, a homenageá-lo adotando o nome artístico Mano Brown.

O hip hop tornou-se fenômeno na cidade de São Paulo na transição dos anos 1990, a partir do encontro de músicos na galeria 24 de Maio e na estação São Bento do Metrô, no centro de São Paulo, em 1986. A Zona Norte e a Zona Sul se uniam. A metrópole sentia as consequências de anos de migrações em massa que transformaram trabalhadores rurais em braçais, além de gerar um alto desemprego. São Paulo, despreparada para receber o enorme fluxo de pessoas, viu a periferia crescer desordenadamente, sem qualquer infraestrutura de transporte, educação, saúde e moradia, esquecida pelo poder público. O rap se transformou em um importante meio de denúncia, que uniu a juventude marginalizada nas periferias.

O Racionais MC's se formou em 1989. O primeiro disco *Holocausto Urbano* (1990); seguido de *Escolha o seu caminho* (1992), com a faixa *Diário de um detento*; e *Raio X do Brasil* (1993), com as músicas *Fim de semana no parque* e *O homem na estrada*, levaram o grupo a vender milhões de cópias e a receber muitos convites para shows, tornando-se cada vez mais uma referência importante na cena cultural brasileira.

Passei então a acompanhar todos os shows possíveis e a chamar a atenção sobre a importância do rap produzido pelo grupo. Discursava no Senado, no início dos anos 1990:

> Ontem de madrugada estive em Osasco para assistir ao show dos Racionais MC's. Se nós quisermos compreender bem o que hoje estão pensando os jovens nos bairros populares mais periféricos de São Paulo, precisamos ouvir o que dizem as letras dos Racionais MC's. É impressionante a energia que despertam [...].

Fiquei amigo de Mano Brown, que para mim se tornou uma referência importantíssima, pelo que pensa, o que fala e como fala, sempre numa linguagem simples e direta, com conteúdo, numa postura firme e assertiva. Percebi como as pessoas tinham grande estima e respeito por ele. Sempre me impressionou a forma como capta os sentimentos com uma riqueza de vocabulário admirável. Passei a frequentar a Festa da Godói, um festival de rap que acontece anualmente na favela da Godói, no Capão Redondo, na semana de 7 de setembro, com a apresentação de dezenas de grupos. O palco é montado no alto da avenida Albert Sabin, alguns quarteirões são fechados, e a música não para do início da tarde de sábado até a madrugada de domingo. Ninguém vai embora até que os Racionais encerrem o festival com a última apresentação, que pode ser às 6h ou 7h da manhã.

Um dos momentos que mais marcaram a minha vida foi uma visita que fiz, com Mano Brown, a Febem. Em agosto de 2003, Asma Jahangir, paquistanesa, relatora especial para casos de execuções sumárias da Organização das Nações Unidas (ONU), esteve em missão no Brasil por três semanas e visitou alguns estados para saber a situação dos presídios, centros de detenção e de internação de crianças e adolescentes.

Ao sair da Unidade de Atendimento Inicial da Febem, no Brás, em São Paulo, ela qualificou as condições: "é horrível, é horrível, é horrível". O prédio, construído para receber 62 adolescentes, abrigava 500. Impressionado com sua reação, decidi, como senador, também visitar a Febem.

Ao entrar na unidade do Brás, verifiquei, ao passar pelo dormitório, que os aparelhos de som tocavam Racionais. Expliquei aos jovens o que era a Renda Básica de Cidadania e lhes disse: "eu tenho a convicção de que se já estivesse em vigência para cada um de vocês, e para cada pessoa nas suas famílias, muito provavelmente vocês não teriam cometido os delitos que os fazem estar aqui". Para ilustrar, li, como costumo fazer, a letra de *O Homem na Estrada* dos Racionais MC's, que está no meu livro *Renda de Cidadania: a saída é pela porta*. Todos cantaram juntos, sem ter a letra na mão! Mais uma vez fiquei impressionado. Eles me perguntaram então se eu poderia levar o Mano Brown para visitá-los. Os integrantes dos Racionais desenvolvem vários trabalhos voltados para as comunidades pobres da periferia, com palestras em escolas sobre drogas, violência policial, racismo e desigualdade. Saindo de lá, conversei com Mano Brown e uma semana depois estávamos na Febem.

Desta vez, o número de jovens foi três vezes maior, porque a diretora permitiu que todos daquela unidade, os 500, se aglomerassem no refeitório. Lembro-me que tinha pessoas em pé, sentadas no chão, nas mesas. Mano Brown teve um bonito diálogo com os jovens, chamando a atenção para que cada um tivesse consciência de que a vida era dura, como tinha sido para ele, mas que valia persistir num caminho de paz, sempre pensando nas famílias, especialmente nas mães. A pedido da plateia, ele cantou seis músicas. Todos acompanharam, sabiam as letras de cor! Foi para mim uma experiência muito relevante e me aproximou ainda mais do Mano Brown e dos sonhos que temos em comum.

Em 2004, convidei o Mano Brown para almoçar em casa com um amigo. Chamei também o Supla. Foi uma tarde ótima, conversamos muito de forma bastante produtiva. Entretanto, na volta para casa, ele foi preso por desacato a autoridade, dentro do condomínio onde mora, na estrada de Itapecerica, no Parque Santo Antônio. Os policiais ao verem o seu automóvel com vidros filmados, o mandaram parar. Como medo, não parou, sendo perseguido até a sua residência, onde se sentiu mais seguro. Na revista, encontraram uma ponta de um cigarro de maconha no bolso do casaco de seu amigo, e os dois acabaram levados ao 92º DP. Quando soube da notícia, fui imediatamente até o distrito policial. Amigos e conhecidos começaram a chegar na

Mano Brown liberado após a primeira prisão, em 2004.

delegacia. Havia medo de que algo pudesse acontecer diante da crítica dura à violência praticada pela polícia, muitas vezes responsável pela morte de jovens negros e pobres da periferia. Felizmente, paga a fiança, os dois puderam ir embora.

Outro episódio que repercutiu bastante aconteceu no dia 26 de abril de 2007, quando li *Um Homem na Estrada* na Comissão de Constituição de Justiça do Senado. Era um debate duro sobre a diminuição da maioridade penal de 18 para 16 anos. Num debate acalorado, argumentei contra a redução cantando *O Homem na Estrada*, que teve um forte impacto entre os senadores. Como a reunião estava sendo transmitida ao vivo pela TV Senado, acabou tendo muita repercussão. Os senadores foram pegos de surpresa, não é todo dia que alguém lá canta uma música, ainda mais dos Racionais MC's. Pedi licença para cantar a letra tal como ela é, em que pese tenha palavras de baixo calão, para que todos tivessem conhecimento do que ocorria nas periferias abandonadas e violentas. Antes de se reduzir a maioridade, era fundamental reduzir a desigualdade social. Diante da situação inusitada, as emissoras deram ampla divulgação para o acontecimento.

> Um homem na estrada recomeça sua vida
> Sua finalidade: a sua liberdade
> Que foi perdida, subtraída
> E quer provar a si mesmo que realmente mudou
> Que se recuperou e quer viver em paz
> Não olhar para trás, dizer ao crime: nunca mais!

Alguns senadores estranharam, depois deram risada, porque fiz o barulho da ambulância, de um cachorro latindo, e no final reproduzi o som de tiros:

> Sim, ganhar dinheiro ficar rico enfim
> A gente sonha a vida inteira e só acorda no fim
> Minha verdade foi outra, não dá mais tempo pra nada
> Pá! Pá! Pá![14]

O vídeo teve tanta repercussão, que concorri ao prêmio Web Hit do ano, no *Vídeo Music Awards* da MTV, em 2007. Até hoje recebo agradecimento de pessoas que naquele dia se sentiram representadas por mim, pelas palavras dos Racionais.

Em 2007, eu estava com os Racionais em um episódio de violência envolvendo o público e a Polícia Militar, num show na Virada Cultural, no centro de São Paulo. A Praça da Sé estava lotada, e como a tradição deles é entrar sempre de madrugada, estava programado para tocarem às 4h30. Eis que, por volta das 4h50, vinte minutos após começar o show, algumas pessoas subiram em uma banca de jornal na lateral da praça, e a PM exigiu que saíssem. Começou então o confronto. A Força Tática entrou em ação, atirando balas de borracha e bombas de efeito moral, enquanto o show acontecia. A resposta veio na forma de pedradas e garrafadas. Mano Brown, no microfone, apelava para que houvesse calma por parte de todos, e o show continuasse com tranquilidade. Só que a situação se intensificou, e o conflito se alastrou para outras ruas da região central.

---

[14] Disponível em: https://www.youtube.com/watch?v=SBtKAlfo0bo. Acesso em: 03.11.2021.

No dia em que cantei *O Homem na Estrada* com Mano Brown, em show no Parque Ibirapuera, em 2015.

Eu estava lá desde as 3h e saí durante a confusão, vendo a atitude exagerada da PM, usando mais força do que o necessário. O show acabou e, a partir desse episódio, por algum tempo vetaram os Racionais MC's na Virada Cultural, o que eu considerava um absurdo por sua representatividade. Felizmente, eles retornaram à Virada Cultural no governo do prefeito Fernando Haddad, em 2013.

Estivemos juntos em outros momentos, como em 2013, quando sugeri ao prefeito José Augusto de Guarnieri Pereira (PT-SP), em Santo Antônio do Pinhal, como forma de constituir um fundo pudesse financiar a Renda Básica de Cidadania, instituída no município em 2009, que fosse organizado um grande show. Além dos Racionais MC's, convidamos o Chico César, Brothers of Brazil, Chambinho do Acordeon e a Banda Vento Verde. Ninguém cobrou cachê porque acreditavam na causa. Infelizmente, foi num final de semana de chuva torrencial, e o local de terra onde ficaria o público ficou intransitável.

Nas mais diversas ocasiões em que eu estive com Mano Brown, assistindo a seus shows com Ice Blue, KL Jay e Edi Rock, quando me via na plateia, fazia referências positivas a mim. Isso sempre me deu muita alegria. Para mim, era o reconhecimento de um trabalho a favor de uma

No Festival da Godoy, na favela no Capão Redondo, com a Mônica Dallari.

sociedade mais justa, menos desigual, menos racista e menos preconceituosa, com oportunidade para todas e todos, especialmente os jovens.

Fui a dezenas de shows dos Racionais, sempre muito lotados, como o que comemorou o aniversário de Mano Brown, no Credicard Hall; diversos na zona sul; em Osasco; na Estância Alto da Serra, na estrada velha de Santos; no Espaço das Américas, na Barra Funda; e até mesmo em Teresina, no Piauí. Algumas vezes, ele me chamou para estar no palco, como aconteceu no Festival de Direitos Humanos no parque do Ibirapuera, com mais de cem mil pessoas, ocasião em que eu até cantei *Negro Drama* com ele.

No meu aniversário, em 2014, fiz questão de comemorar o dia 21 de junho em um show gratuito no Festival Periferia e Cultura em Rede Solidária, na COHAB Adventista, no Capão Redondo. Em 2015, já como secretário Municipal de Direitos Humanos e Cidadania, estava um dia indo trabalhar, quando ouvi no rádio que Mano Brown havia sido preso no Campo Limpo. Começaram então a me telefonar. Essas situações geram muito medo de ações de retaliação por conta das denúncias feitas pelos Racionais da violência policial contra

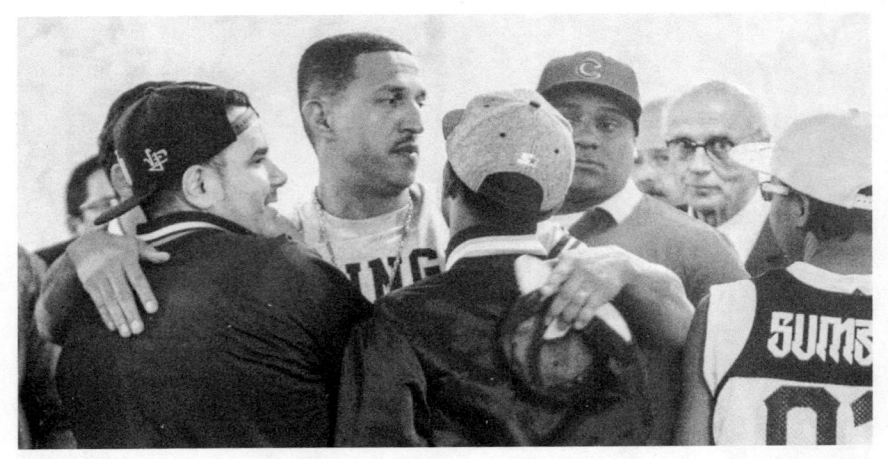

Mano Brown liberado após a segunda prisão, em 2015.

jovens negros e pobres nas periferias. Por sorte, eu estava na zona sul, visitando a cooperativa de material reciclado da Granja Julieta e passei no 37° Distrito Policial do Campo Limpo, onde já havia um número significativo de pessoas dentro e fora da delegacia.

Em depoimento, Mano Brown perante o delegado contou que sua mãe estava doente, e ele saiu para comprar remédio. Ao se dirigir à farmácia, uma blitz o parou, e os policiais pediram para que ele saísse do carro, numa postura nada amistosa. Ao tocarem nele, ele ficou bravo e recebeu um "mata-leão", um golpe que o deixou sem ar, e foi jogado no chão algemado. Só depois descobriram que ele estava com a carteira vencida. Conversei com o delegado e permaneci na delegacia até que ele fosse liberado, às 20h30.

Sinto que Mano Brown, Ice Blue, KL Jay e Edi Rock, os Racionais MC's, foram muito importantes na construção de meus mandatos. Em 25 anos de convívio, eles chamaram a minha atenção para questões fundamentais, seja em conversas, seja através das letras de suas músicas. Agradeço especialmente por terem enriquecido o meu conhecimento, me alertado para problemas e terem me ajudado a compreender melhor a vida e os desafios dos jovens hoje nas grandes cidades brasileiras. Como bem definiu Sabotage, "rap é compromisso".

CAPÍTULO VI

FORTE APOIO À COOPERATIVA DO IBIRAPUERA

Estimular as formas cooperativas de produção é uma das maneiras mais eficazes de elevar o grau de justiça na sociedade. As cooperativas constituem um instrumento compatível com os objetivos de sustentabilidade e de equidade. O Prêmio Nobel de Economia, Amartya Sen, ressalta que todas as pessoas envolvidas reconhecem claramente que não podem conseguir o que desejam sem a cooperação das outras. Assim, o comportamento cooperativo é escolhido como uma norma de grupo para benefício de todos. Como senador, interagi muito com as entidades representativas das sociedades cooperativas para aperfeiçoar a legislação relativa à economia solidária. Apresentei projeto de lei em 1999, reapresentado em 2007, e aprovado em 2014, definindo as diretrizes e normas das sociedades cooperativas. O projeto assegura o direito de as cooperativas se registrarem na organização nacional que melhor as representarem. A cidade de São Paulo tem um belo exemplo a ser seguido.

Parque Ibirapuera

Eu sempre gostei de andar e de fazer exercícios no Parque Ibira-puera, um dos mais aprazíveis de São Paulo. Por esta razão, me tornei amigo de muitos dos vendedores ambulantes de água de coco, sucos e salgadinhos que lá trabalham. Com frequência, antes da minha cami-nhada, peço a algum deles que tomem conta de meu celular e pertences, enquanto corro na pista do parque.

Em janeiro de 2000, Antônia Cileide Oliveira de Souza, então presidente da Associação dos Vendedores Ambulantes do Parque Ibirapuera e demais Áreas Verdes de São Paulo, transmitiu-me a sua preocupação: a administração do parque havia dado o prazo até outubro daquele ano para que eles cessassem as atividades. O objetivo da Prefeitura era promover uma licitação pela qual cinco empresas ficariam responsáveis pela administração de cinco quiosques de alimentação. Se quisessem continuar a trabalhar no parque, teriam que se tornar empregados das empresas vencedoras.

Foi então que sugeri a Antônia: por que vocês não formam uma cooperativa e transmitem a disposição de continuar a trabalhar no par-que? Ela gostou da proposta. Com o apoio de outra frequentadora do Ibirapuera, a advogada e psicóloga Vivian Vieira, que tinha doze anos de experiência na Cooperativa Agrícola de Cotia e se dispôs a ajudar, foi criado o Estatuto da Cooperativa.

No dia 25 de janeiro de 2000, aniversário da cidade de São Paulo, fui até a Capela do Pátio do Colégio onde se celebrava a missa come-morativa, com a presença do então prefeito Celso Pitta e do secretário do Verde e Meio Ambiente, Ricardo Ohtake. Após a celebração, eu os procurei e ponderei que os ambulantes do Parque Ibirapuera estavam ali há muitos anos. Eles contribuíam na conservação e segurança do es-paço, tornando-se amigos dos usuários. A formação de uma cooperativa poderia organizar os vendedores. Felizmente, consegui convencê-los e a licitação não aconteceu.

No dia 9 de maio de 2000, em assembleia, foi aprovado o Esta-tuto da Cooperativa dos Vendedores Autônomos do Parque Ibirapuera

Em assembleia na sede da Cooperativa dos
Vendedores Autônomos do Parque Ibirapuera.

(Coopvapi). Antônia Cileide foi eleita presidenta, sendo reeleita a cada
dois anos. Após dez anos, ela considerou importante passar a presidência a outra cooperada, Selma Maria Marques dos Santos, por eleições
democráticas, em fevereiro de 2011, mas acabou retornando à função
tempos depois.

A Cooperativa dos Vendedores Autônomos do Parque do Ibirapuera de São Paulo reuniu 115 brasileiros e brasileiras, homens e mulheres de todas as idades, a maioria migrantes nordestinos com pouca
ou nenhuma escolaridade, sem formação profissional, desempregados

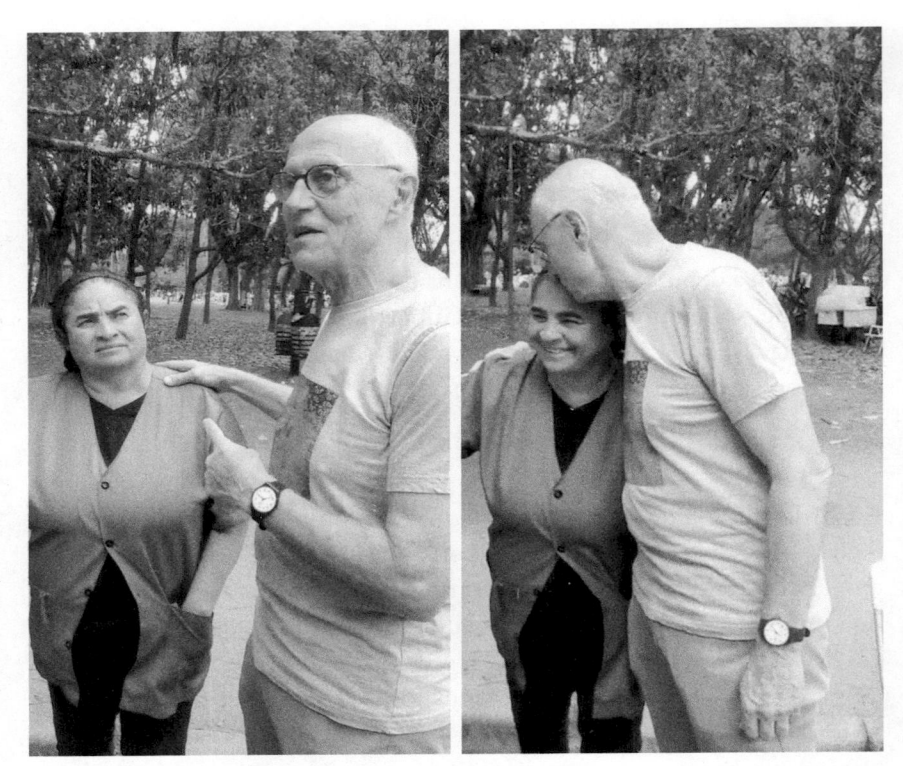

Com Antônia Cileide, formidável presidenta da cooperativa.

e sem qualquer expectativa de trabalho registrado em carteira em uma cidade como São Paulo.

Formada a Coopvapi, os ambulantes foram atrás de apoio para o fornecimento de 120 carrinhos padronizados para todos os seus membros, alguns com mais de 30 anos de parque, que ainda usavam isopores e enfrentavam muita dificuldade para se locomoverem com as mercadorias e o gelo. Ali, havia mães e pais que retiravam não apenas o próprio sustento. Do trabalho, criou-se a possibilidade de seus filhos estudarem e ingressarem em escolas de nível superior. A PepsiCo, produtora do Gatorade, decidiu apoiar o projeto e financiou os carrinhos dos cooperados. Num segundo momento, foi criada uma segunda organização de trabalhadores, a Associação de Vendedores do

Parque Ibirapuera (Avapi), que congrega cerca de sessenta pessoas, e que também tem os seus carrinhos padronizados.

Nas diversas administrações municipais que se seguiram – de Marta Suplicy, de José Serra e de Gilberto Kassab –, continuou o bom entrosamento entre as cooperativas com a administração do Parque Ibirapuera e com a Prefeitura de São Paulo. Em janeiro de 2008, juntamente com a deputada Luiza Erundina de Souza, também frequentadora do parque, solicitamos ao prefeito Gilberto Kassab que ouvisse as dirigentes daquelas entidades, pois novamente a administração municipal estava por realizar uma licitação para que empresas viessem a tomar conta dos espaços.

Em agosto daquele ano, o secretário do Verde e Meio Ambiente, Eduardo Jorge, convidou os vendedores ambulantes de ambas as entidades para debater o conteúdo do edital que poderia, dependendo das exigências, impedir muitos de continuarem a exercer a sua atividade, o que implicaria em grave dano social. Quase todos os 180 vendedores e vendedoras, de ambas as entidades, com o apoio de muitos dos usuários do parque, compareceram à audiência. Relataram ao secretário o quão importante era continuar a exercer o direito de ali, organizadamente, com muito respeito ao parque, vender seus produtos. Eduardo Jorge se dispôs a realizar quantas reuniões fossem necessárias para se chegar a um entendimento.

Pouco tempo depois, foi realizada a licitação para que empresas de sorvetes pudessem vender os seus produtos no Parque Ibirapuera. Continuou, todavia, o direito tanto dos membros da Coopvapi quanto da Avapi de realizarem o seu trabalho de venda de água de coco, isotônicos, sucos, salgados industrializados e outros produtos. Em 9 de maio de 2010, a cooperativa completou dez anos.

No dia 17 de março de 2011, outra reunião foi realizada, desta vez na sede da Associação dos Usuários do Parque Ibirapuera, perto do Viveiro Manequinho Lopes, convocada pela Secretaria do Verde e do Meio Ambiente e pelo administrador do Parque Ibirapuera, Heraldo Guiaro, com a finalidade de ouvir representantes dos usuários do parque, do secretário Eduardo Jorge, do Ministério Público e dos próprios

De madrugada, vivenciando o transporte dos carrinhos até o parque.

cooperados. A reunião foi aberta ao público e à imprensa. Praticamente todos os membros das duas cooperativas estiveram presentes e tiveram intensa participação.

Tanto Antônia quanto Selma comoveram a todos por seus depoimentos em que afirmaram a importância das cooperativas para a melhoria de suas vidas, conforme relatada pelos cooperados no livro *Cooperativa dos vendedores autônomos do Parque Ibirapuera: o passo a passo de uma história de sucesso*, de Mônica Dallari, com o prefácio de Paul Singer, publicado pela Editora Elsevier em 2012. O livro traz a comovente história de todas aquelas personagens que vieram de tão longe, mas, superando muito sofrimento e dor, criaram uma cooperativa que, com o esforço de cada membro, provocou uma grande mudança em suas vidas.

Entre os cooperados do Parque do Ibirapuera, 95% dos homens e das mulheres nasceram na roça, em meio a muita pobreza, e foram obrigados a buscar melhores condições de vida por absoluta necessidade diante das sucessivas secas, da falta de terra para plantar, da fome e da miséria. Noventa por cento começaram a trabalhar com menos de doze anos de idade. Muitas crianças acompanhavam seus pais na roça e não iam para a escola. Setenta e cinco por cento eram analfabetos funcionais. Trinta por cento não tiveram a oportunidade de se sentar em banco de escola. O desemprego causado pela recessão do Plano Collor havia atingido a muitos. Sessenta e cinco por cento dos cooperados tinham pelo menos vinte anos de trabalho no parque. Muitas mulheres eram chefes de família. O esforço e a dedicação, junto com a organização em cooperativa, provocaram resultados altamente positivos para as famílias. Os cerca de 400 descendentes entre filhos, netos e bisnetos são 100% alfabetizados. Vinte e cinco por cento das famílias conseguiram que seus filhos cursassem uma universidade. Um dos cooperados se formou em Direito e passou a exercer a advocacia.

A história dos vendedores ambulantes do Parque Ibirapuera é um estímulo para a formação de novas cooperativas no Brasil, nas mais diversas áreas. Artesões, pescadores, costureiras, cozinheiras, garçons, trabalhadores dos mais diversos setores industriais, comerciais e de ser- viços, inclusive os mais modernos, de informática, poderão organizar formas cooperativas de produção. Por sua natureza, a cooperativa de produção propicia que as pessoas que participam do processo produtivo compartilhem melhor as decisões em todo o procedimento e, conse- quentemente, nos seus resultados.

Pouco após as eleições de outubro de 2016, o prefeito eleito de São Paulo, João Dória, anunciou que iria realizar um processo de con- cessões dos parques da cidade. Preocupada, Antônia Cileide, que voltou à presidência da Coopvapi, me procurou para saber se a cooperativa iria continuar, uma vez que a prefeitura iria realizar concessões para os serviços do parque. Ao me telefonar para me cumprimentar por minha eleição e pelos 301.446 votos, recorde de votação para um vereador na história de São Paulo e do Brasil, informei a ele que, mesmo sendo um vereador da oposição, do PT, a relação seria de respeito e cons- trução. Em audiência, conversei sobre a importância da continuidade das cooperativas do Ibirapuera. Em março de 2017, num domingo, ele me convidou para encontrá-lo no parque. Caminhamos e dialogamos com inúmeros vendedores autônomos. "A Prefeitura vai garantir a continuidade do funcionamento das cooperativas. Vamos melhorar as condições do parque, para que vocês possam até ter mais fregueses", disse Dória, o que vem sendo respeitado.

Minha determinação em dar toda a força às cooperativas continuou como vereador. Em 2018, apresentei o projeto criando o Marco Regulatório Municipal da Economia Solidária, construído com a participação de inúmeras entidades e cooperativas que formavam o Fórum de Economia Solidária. Felizmente, o projeto foi aprovado em 23 de junho de 2021 e sancionado pelo prefeito Ricardo Nunes.

A novidade agora vem do Movimento dos Trabalhadores Sem Terra (MST), que considera fundamental a organização do trabalho produtivo em cooperativas. Os resultados são tão positivos, que as cooperativas de agricultores familiares do MST acabaram de lançar no mercado de capitais a possibilidade de as pessoas investirem, a partir de R$100, na produção de alimentos agrícolas saudáveis, sem agrotóxicos. Vida longa às cooperativas!

CAPÍTULO VII

UMA NOITE NA CASA DE DETENÇÃO

Eram 4h40 da manhã de uma segunda-feira, dia 19 de fevereiro de 2001, quando fui acordado por um telefonema. Do outro lado da linha, uma voz desesperada implorava a minha rápida presença na Casa de Detenção, no Complexo Penitenciário do Carandiru, em São Paulo. Desde a tarde de domingo, uma mega rebelião em 29 estabelecimentos prisionais paulistas marcava a estreia das ousadas ações da organização criminosa Primeiro Comando da Capital, o PCC. Familiares de presos e agentes penitenciários eram mantidos reféns. O pedido de socorro, por celular, vinha da cela 509-E da Detenção, ocupada pelos rappers Dexter e Afro X.

A Tropa de Choque ameaçava invadir o presídio na madrugada, e o pânico tomou conta dos familiares dos detentos, desesperados com o risco de se repetir o massacre de 111 presos pela Polícia Militar de São Paulo, na Casa de Detenção, em 1992. Afro X estava ao lado da esposa, a cantora Simony, do conjunto Balão Mágico, grávida de quatro meses, feita refém com cerca de mil familiares de presos na véspera, domingo, dia de visita. Os presos temiam pelos reféns, a maioria mulheres e crianças.

Conheci os rappers Afro X e Dexter um mês antes, com meu filho Supla, no Millenium Rap, festival histórico de hip hop, com doze horas de música, que reuniu cinquenta mil pessoas no Sambódromo do Anhembi, em São Paulo. Afro X e Dexter passaram a infância na favela do Jardim Calux, em São Bernardo do Campo, na Grande São Paulo. Cresceram, se separaram e os dois voltaram a se encontrar em 1999, 20 anos depois, presos por assalto à mão armada. Na detenção, durante sete anos, ocuparam a cela 509-E, nome adotado por eles para o grupo de rap que nasceu dentro do presídio. Ainda presos, lançaram em 2000 o primeiro disco, *Provérbios 13*, um estrondoso sucesso.

Naquela época, a atriz Sophia Bisilliat coordenava o projeto *Talentos aprisionados* e, como voluntária, oferecia curso de teatro aos presos no Complexo do Carandiru. Ao conhecer a produção musical de Afro X e Dexter, ela passou a apoiá-los e conseguiu que gravassem o primeiro disco. Com o sucesso, vieram os convites para a participação em eventos. Apoiados pelo juiz das execuções criminais, Octavio Barros Filho, foram autorizados a comparecer acompanhados de uma escolta desarmada, formada por um agente penitenciário para cada detento. Fizeram mais de setenta shows, transportados na própria van adquirida pelo grupo, sem a ocorrência de qualquer problema.

O Millenium Rap aconteceu em um momento importante do movimento hip hop, fenômeno sociocultural que mobilizou milhares de jovens das periferias das grandes cidades brasileiras. Como já mencionei, surgiu em São Paulo na transição dos anos 1990 para o novo milênio, trazendo para o debate a realidade dura das periferias, da juventude excluída, da imensa desigualdade social, do racismo, da falta de oportunidades, da marginalidade e da violência. Num evento de extrema relevância musical, a participação da dupla do 509-E era imprescindível.

Entretanto, um debate acalorado dos dois com o deputado estadual Conte Lopes – capitão da reserva da PM, com atuação na Rota e acusação de quarenta mortes em "conflitos" –, no programa "Altas Horas", de Serginho Groisman, na TV Globo, provocou o recuo da direção do presídio nas liberações de saída dos músicos presos. Depois de um mês sem conseguir autorização para a participação em qualquer evento, Simony pediu a minha ajuda para que Afro X e Dexter pudessem se apresentar no Millenium Rap. O diretor do presídio resistia alegando problema com a segurança pelo tamanho do festival. Mas, diante da responsabilidade que assumi, a liberação para a saída aconteceu poucas horas antes do show. Escoltados por policiais armados com escopetas, o grupo 509-E chegou de camburão ao Anhembi.

Naquela noite memorável, Dexter e Afro X tocaram juntos com os Racionais MC's. O show começou às 3h30 da madrugada e o público delirou cantando *Diário de um Detento, Capítulo 4, Versículo 3* e *Mágico de Oz*, do disco *Sobrevivendo no inferno*, dos Racionais, e *Hora H*, do 509-E. Acabou o show, Dexter e Afro X retornaram para a detenção. Voltei a falar com eles um mês depois, numa segunda-feira, quando recebi o telefonema desesperado de Afro X, às 4h40 da manhã. Ele pedia a minha presença urgente na Detenção, onde acontecia desde a tarde de domingo uma rebelião com centenas de reféns, entre familiares de presos e funcionários. A Tropa de Choque ameaçava invadir o presídio caso os reféns não fossem imediatamente liberados e a possibilidade de se repetir o massacre de 111 presos aterrorizava a todos.

Pela primeira vez, a facção Primeiro Comando da Capital (PCC), criada em 1993, em Taubaté, assumia a liderança de uma megarrebelião carcerária, envolvendo 29 unidades prisionais de São Paulo. O PCC exigia o retorno ao Complexo do Carandiru de dez líderes transferidos para presídios no interior do Estado. As autoridades foram surpreendidas pela sincronização das revoltas, que começaram pouco depois do meio-dia de domingo, a partir de um sinal dado na Penitenciária do Estado, e se alastraram rapidamente para outras unidades, mobilizando 29 mil detentos. Por meio de celulares, os líderes do grupo organizaram o motim justamente no dia de visitas, fazendo como reféns os familiares dos detentos.

Foi na Casa de Detenção que a situação alcançou o maior grau de tensão. O presídio, o maior da América Latina, abrigava sete mil homens. Dirigi-me, às 5h da manhã, ao comando da Polícia Militar do Estado de São Paulo. Estavam reunidos o comandante da PM, Rui César Melo; o secretário da Administração Penitenciária, Nagashi Furukawa; e o secretário de Segurança Pública, Marco Vinício Petrelluzzi. Nessa conversa, me informaram que se não houvesse a liberação dos familiares e dos agentes penitenciários mantidos reféns até as 6h30 da manhã, a Tropa de Choque invadiria a penitenciária.

Eu me comprometi a realizar um esforço para dialogar com os detentos, que haviam me chamado para negociar a progressiva liberação dos reféns. A partir 6h30, aos poucos e com muito diálogo, os familiares dos presos e os agentes penitenciários foram sendo liberados em grupos de vinte. A única condição exigida pelos líderes da rebelião para liberar os reféns era o compromisso de que a Tropa de Choque não invadiria o presídio. No meio da manhã, um novo momento de tensão. Um grupo de cem mulheres formou um cordão humano e se recusava a sair, por temer a entrada da Tropa de Choque. Exigiam que seis esposas de detentos participassem da vistoria que agentes penitenciários fariam mais tarde nas celas. Às 11h, fui autorizado a entrar nos pavilhões e conversar com os familiares. No pavilhão oito, prometi, no aparelho de som, controlado pelos presos, que não haveria violência. No pavilhão nove, no pátio, repeti a promessa feita a mim. Finalmente, a saída dos reféns terminou às 16h30, de forma tranquila. Acompanhei o esforço dos responsáveis pela Casa de Detenção, sobretudo do seu diretor, Jesus Rossi Martins, para que tudo voltasse à normalidade.

Entretanto, assim que os reféns foram liberados, o governador de São Paulo, Geraldo Alckmin, recuou do que havia combinado e decidiu proibir a entrada de parlamentares e representantes de comissões de direitos humanos para acompanhar o desfecho da situação. Naquela tarde, seria iniciado o processo de vistoria para a apreensão de celulares e armas. Por recomendação dos secretários Petrelluzzi e Furukawa, Alckmin não autorizou que eu e parlamentares que estavam lá, como Fernando Gabeira (PV-RJ), Renato Simões (PT-SP), Wagner Lino Alves (PT-SP) e Luiz Eduardo Greenhalgh (PT-SP), acompanhássemos a vistoria por considerar que havia risco a todos. Ele permitiu que entrássemos na penitenciária para visitar as celas apenas depois da operação de desarmamento. Como estava anoitecendo, a visita ficou programada para o dia seguinte.

Quando eu me preparava para ir embora, familiares de presos, no lado de fora, apelaram fortemente para que eu continuasse no local até que tudo se normalizasse, com receio de que algo grave ainda pudesse acontecer durante a noite. Reféns liberadas, especialmente mulheres e crianças, denunciavam a violência da Polícia Militar, que havia usado balas de borracha, gás pimenta, gás lacrimogêneo e cassetetes para separá-las dos presos. Os parentes protestavam contra a permanência da Tropa de Choque. Decidi, então, permanecer na Detenção para tranquilizar os familiares, que não tinham informações sobre a situação de cada preso.

O diretor Martins e o secretário Furukawa concordaram que eu ali permanecesse. Dormi no sofá da sala da diretoria. Fizeram a gentileza de mandar da minha casa um *capeletti in brodo*, comprado no restaurante *In Cittá*, que veio em porção tão generosa, que perguntei à Valéria, minha secretária, se ela tinha trazido para o presídio todo. A quantidade foi suficiente para dividir com mais duas pessoas. Também recebi frutas para o café da manhã.

Durante a noite, ajudei a esposa do agente duplo Luís José Rodrigues, o Chacrinha, que não encontrava o corpo do marido, a localizá-lo. Chacrinha foi torturado, enforcado, teve o corpo retalhado e jogado em um cesto de lixo do pavilhão oito do presídio. A brutalidade contra o preso ocorreu após a descoberta de que ele aproveitava a confiança dos detentos para passar informações à diretoria da Casa de Detenção. Com tudo isso, ainda consegui dormir da 1h30 às 5h50.

Na terça-feira, com o apoio da Tropa de Choque, os agentes retomaram a operação pente-fino às 8h. Logo cedo, fui cercado por cinquenta mulheres atrás de informações sobre os detentos que passavam por uma revista geral. Garanti que ninguém seria agredido pelos policiais. Conforme o acordo acertado, eu, os parlamentares presentes e a comissão de seis mulheres de presos visitamos mais de cinquenta celas e centenas de detentos. A situação se normalizou às 19h30.

Na visita, voltei a ver o Dexter e o Afro-X, que sempre se recordam desse fato quando nos encontramos. Fui bem tratado na Detenção e este episódio marcou a mim e a muitas pessoas. O levante de 27 mil detentos só terminou 27 horas após o seu início, com um saldo de 16 mortos e 77 pessoas feridas, entre policiais e prisioneiros.

A reivindicação de retorno dos líderes do PCC para o Complexo do Carandiru não foi atendida.

Algumas pessoas me perguntaram: "por que um senador da República estava ali realizando esse tipo de trabalho, preocupado com a vida dos detentos?". Eu estava preocupado não apenas com os detentos, mas também com os agentes penitenciários e os familiares mantidos reféns. Assim que sai, visitei o agente Dante Gonçalves Jardim, que sofreu um início de infarto quando era mantido refém. Como representante do povo, me senti na obrigação de auxiliar no diálogo e assim evitar a ocorrência de uma nova tragédia, similar a que matou 111 presos no Carandiru, em 1992. Ainda na Casa de Detenção, propus duas ações que poderiam melhorar significativamente a situação dos presídios. Primeiro, o aumento da assistência judiciária aos presos, já que muitos haviam cumprido suas penas, mas permaneciam detidos. Segundo, a criação de cooperativas onde os presos pudessem trabalhar e se formar em uma profissão, possibilitando o reingresso ao mercado de trabalho. Infelizmente, a sugestão não foi levada adiante, e a situação carcerária do país só piorou.

CAPÍTULO VIII

MÃES BUSCAM FILHOS SEQUESTRADOS

Em maio de 2000, recebi uma mensagem eletrônica que muito me sensibilizou. A remetente, Maria Célia Vargas, pedia para que intercedesse junto às autoridades competentes a fim de localizar o seu filho, sequestrado pelo pai francês há quase quinze anos. Depois de muita procura e várias solicitações de ajuda sem nenhum êxito, uma amiga, a advogada Glasfira Paim, que havia trabalhado no Ministério da Justiça, sugeriu a Maria Célia que me procurasse. Segundo ela, talvez a única pessoa que tivesse vontade e persistência para solucionar o problema. Em menos de 24 horas após receber a mensagem, minha equipe entrou em contato e começamos a buscar meios para ajudar.

Maria Célia Vargas foi estudar na França no início da década de 1970 e lá, em 1975, conheceu e casou-se com o francês Raymond Rozner. Aprovada em concurso para oficial de chancelaria, começou a trabalhar na embaixada do Brasil em Paris. Em 1983, engravidou e teve seu filho Hugo no Brasil. Antes do bebê completar um ano, o casal se transferiu para Miami (EUA). Rozner trabalhava na *Caisse d'Epargne*, uma espécie de Caixa Econômica Federal francesa, e os dois foram transferidos.

Maria Célia Vargas finalmente localiza seu filho Hugo, em Nice.

O casamento começou a ruir quando, um dia, ela se surpreendeu ao ouvir uma conversa estranha do marido com amigos sobre um assalto ocorrido na *Caisse d'Epargne*. Maria Célia passou a desconfiar da ligação de Rozner com o crime organizado. Apreensiva, decidiu se separar e voltar para o Brasil com Hugo, que à época não tinha completado um ano, sem que o marido contestasse a sua decisão.

Durante três anos, Maria Célia viveu com o filho no Rio de Janeiro. Rozner visitou normalmente Hugo por duas vezes no Brasil. Mas na terceira vez, no dia 1º de outubro de 1986, atravessando a fronteira pelo Paraguai, ele desapareceu com o menino. Depois de buscas incessantes, a mãe descobriu que os dois já estavam na França e, desde então, passou a ter grande dificuldade para ver o filho. Viajou para o país diversas vezes, mas pode encontrá-lo em apenas duas oportunidades.

A primeira, acompanhada de um advogado, Maria Célia pôde ficar pouco tempo com Hugo acordado. Assim que o encontrou, ele adormeceu profundamente, como se tivesse desmaiado, o que a fez acreditar que estava dopado. Na segunda vez, em 1988, ao tentar sozinha visitar o filho, acabou sendo espancada pelo ex-marido, a ponto de ser hospitalizada. Rozner desapareceu com Hugo.

Embora com a posse e a guarda do filho estabelecidas pelo Judiciário tanto no Brasil quanto na França, com processo transitado em julgado em ambos os países, Maria Célia nunca mais teve notícias do filho. Como trabalhava na diplomacia, conhecia e ajudara a redigir acordos bilaterais entre os dois países em vários aspectos, econômico e político, e também em questão relativa à paternidade em casos de crianças com dupla nacionalidade. Entretanto, a França nunca cumpriu as cartas rogatórias que o Brasil enviou – oito no total – solicitando a localização, a busca e a apreensão de Hugo para ser devolvido à mãe. Nenhuma foi sequer respondida. O governo francês não respeitava nem o juiz do próprio país. Chegou-se a um impasse.

Mesmo a legislação estando a seu favor, Maria Célia entendeu a inércia do governo francês como falta de vontade política para que o acordo bilateral fosse cumprido. Ela chegou a mandar cartas inclusive a

Emocionante abraço de uma mãe ao encontrar seu filho desaparecido há 15 anos.

autoridades como os presidentes François Mitterrand e Jacques Chirac, respondidas de maneira muito gentil, mas sem efetividade.

Maria Célia Vargas pediu a intervenção de autoridades brasileiras, como o embaixador do Brasil na França e os ministros de Relações Exteriores e da Justiça, sempre sem sucesso. Nos anos todos em que procurou de forma perseverante e insistente o filho, ela mobilizou muitas pessoas. Márcio Thomaz Bastos à época presidente do Conselho Federal da Ordem dos Advogados do Brasil (1987-1989) também mandou documentos que não foram respondidos pelo governo francês.

Sabendo que o caso só teria andamento se houvesse vontade política, em 2000 Maria Célia me procurou, pois via em mim um ser humano também persistente. Procurei o então ministro da Justiça, José Gregori, com quem eu tinha proximidade desde quando fizemos parte da Comissão Teotônio Vilela de Direitos Humanos, e ele nos deu bastante atenção e apoio, envolvendo funcionários de setores adequados do Ministério da Justiça para buscar oficialmente o paradeiro de Hugo.

Em abril de 2001, o primeiro-ministro Lionel Jospin fez uma visita à São Paulo. A Marta, que era prefeita de São Paulo, o convidou para um almoço em nossa residência. Aproveitei a oportunidade para conversar com ele a respeito do caso de Maria Célia Vargas. A história o deixou interessado e comovido. Nunca vou esquecer o que disse: "a França não é tão grande que não se localize uma pessoa. Vamos encontrar". E, como estaria no Rio de Janeiro no dia seguinte, pediu que Maria Célia o procurasse.

Acompanhada pelo então deputado estadual Chico Alencar (à época PT-RJ), Maria Célia foi ao evento que Jospin estava, no Museu de Arte Moderna, mas não foi tão fácil chegar até o primeiro-ministro. Um embaixador francês tentou dificultar o contato, afirmando que Lionel Jospin já sabia de todo o caso. Entretanto, firme e com determinação ela conseguiu chegar até ele. A partir daquele momento as providências para localizar Hugo começaram a andar.

Em paralelo, escrevi várias cartas, uma para o diretor da Interpol no Brasil na época, o delegado Jorge Pontes, que foi pessoalmente à

França para investigar o paradeiro de Raymond Rozner. Também para o embaixador do Brasil na França, Marcos Castrioto de Azambuja, que deu todo o apoio.

O primeiro resultado de todo o esforço veio logo, com a notícia de que a Embratel havia conseguido o telefone de Raymond Rozner, em Nice, mas só poderia informar com autorização da Interpol. O ministro Gregori ajudou a eliminar as dificuldades. Em 31 de outubro, o embaixador Marcos Azambuja confirmou a ótima notícia do Serviço Social de Ajuda a Imigrantes da França, que haviam encontrado Hugo Vargas Rozner em Nice. Assim que soube, Maria Célia escreveu uma carta para o filho. Foram dez dias até a viagem para a França em que a acompanhei. Com dificuldades financeiras devido aos altos gastos com todo o processo, o Ministério da Justiça custeou a passagem.

Viajamos no dia 15 de novembro de 2001. Primeiro paramos em Paris, onde fomos recebidos por um diplomata da Embaixada do Brasil e depois seguimos para Nice. Maria Célia estava muito nervosa, com medo de não ser reconhecida pelo filho. Mas na hora em que eles se olharam, assim que abriu a porta do desembarque, perceberam que eram mãe e filho e se deram um abraço muito apertado, muitos beijos e quase caíram no chão tamanha a emoção. Uma cena muito emocionante e comovente. Foi um momento muito especial também para mim, pois finalmente tínhamos conseguido, depois de tanto esforço. Hugo contou que sabia que a mãe estava viva. No começo, Rozner falava que a mãe estava morta. Depois, disse que ela o tinha o abandonado. Somente aos quinze anos, ele descobriu que Maria Célia estava viva. A mãe de um amigo de Hugo ouviu uma entrevista de Maria Célia a uma rádio francesa e contou ao jovem que a mãe o estava procurando.

Alguns me criticaram por acompanhar Maria Célia na viagem a Nice. Mas ver a emoção de uma mãe que buscou durante quinze anos o filho, já um rapaz de 18 de anos, depois de uma batalha de tantos anos fez com que tudo valesse a pena. A partir desta história, outras mães brasileiras com filhos sequestrados no exterior foram me procurar.

Genilma Boehler

Genilma Boehler casou-se no Brasil com o paraguaio Eri Daniel Rojas Villalba e teve dois filhos, Guillermo e Arturo. Separados, no dia 4 de fevereiro de 2004, Eri Daniel, desempregado, informou que levaria os filhos, na época, com dez e sete anos, respectivamente, para a escola, porém fugiu com eles para o Paraguai. Professora da Universidade Metodista de São Paulo, em São Bernardo do Campo, Genilma foi à minha residência em agosto, acompanhada do reitor da universidade, para pedir a minha ajuda.

Prontamente, encaminhei cartas às mais diversas autoridades como o presidente do Paraguai, Nicanor Duarte; o presidente Lula; o ministro das Relações Exteriores, Celso Amorim; o ministro da Justiça, Marcio Thomaz Bastos; o presidente da Corte Suprema do Paraguai, Victor Manuel Nuñez; e o presidente da Comissão de Relações Exteriores do Senado do Paraguai, Alexandre Velásquez Ugarte. Pedi o máximo empenho para que pudesse ser cumprida a carta rogatória, e Genilma ter de volta a guarda dos filhos. O deputado Vicentinho (PT-SP) e o senador Paulo Paim (PT-RS), membros da Comissão de Direitos Humanos, também somaram esforços nessa sua batalha.

Em 4 de novembro de 2004, a conferência do Grupo do Rio reuniu dezenove Chefes de Estado e de Governo, incluindo todos os presidentes da América Latina e Caribe, no Rio de Janeiro. Com faixas e apoio de grupos de direitos humanos, Genilma entrou em greve de fome e se postou em vigília em frente ao hotel Sofitel nos três dias do encontro, até ser recebida pelo presidente paraguaio Nicanor Duarte. Quando tomou conhecimento dos fatos, Duarte telefonou ao comandante da Polícia Nacional do Paraguai e deu prazo de 48 horas para localizar as crianças.

Acontece que havia um relacionamento de compadrio no Ministério do Interior e no Comando da Polícia Nacional do Paraguai com Eri Daniel, que impedia o cumprimento das decisões favoráveis tanto na Justiça paraguaia como na justiça brasileira. Dois irmãos dele eram policiais. Vencidas as 48 horas, nada aconteceu. Genilma não desistiu e, passados mais de quarenta dias, quando soube que o presidente Nicanor

Duarte retornaria ao Brasil, no dia 16 de dezembro de 2004, em Belo Horizonte, ela decidiu ir ao seu encontro.

Ao chegar ao Hotel Ouro Minas, foi recebida pela ministra de Relações Exteriores do Paraguai, Leila Rachid. A ministra informou que, naquele dia, o presidente Duarte, às 4 horas da manhã, preocupado em voltar ao país sem notícias das crianças, determinou ao Ministério do Interior e a sua polícia que encontrassem Guillermo e Arturo antes de ele chegar ao Brasil.

Dessa vez, de pronto as crianças foram localizadas e levadas ao Ministério do Interior juntos com o pai. Eu estava ao lado dela quando, finalmente, Genilma Boehler pode ouvir pelo telefone a voz de seus filhos. As crianças estavam bem, tinham ficado escondidas na fazenda de um amigo do pai, a 180 km de Assunção. Entretanto, por todo esse tempo não frequentaram a escola.

Ciente de que o pai estava preocupado com o que aconteceria a ele, sugeri a Genilma escrevermos uma carta propondo um entendimento. Caso devolvesse imediatamente as crianças, sem qualquer dificuldade, a mãe não pediria sua punição. Genilma escreveu uma carta pública, divulgada tanto na Embaixada do Paraguai no Brasil quanto na Embaixada do Brasil no Paraguai. Depois de dez meses de busca incansável, finalmente, Genilma me telefonou para dizer que estava a caminho de Assunção, no Paraguai, para buscar Guillermo e Arturo. Foi um momento incrível!

Jacy Raduan

A advogada Jacy Raduan tem dupla nacionalidade e é brasileira pelo lado do pai e alemã pelo lado da mãe. Em 2004, ela viajou para Trier para fazer o mestrado em Direito na Universidade de Trier, na Alemanha, quando conheceu o ex-marido. Tiveram dois filhos, Giacomo e Gustavo, em 2006 e 2008.

Em 2008, a família se mudou para o Brasil, mas George não se adaptou. O casal se separou quando seu ex-marido resolveu voltar para

Giacomo e Gustavo se divertem com a mãe Jacy Raduan.

a Alemanha. Ela pediu o divórcio e conseguiu a guarda provisória dos filhos. Em 2009, depois de muita insistência do pai, Jacy levou os filhos para visitá-lo na Alemanha, já com a autorização de viagem de retorno ao Brasil, fornecida pelo ex-marido. Mas foi surpreendida com o que considerou uma cilada. O ex-marido ajuizou uma ação na Alemanha e ganhou imediatamente a guarda dos garotos para que eles permanecessem na Alemanha. Mãe e filhos foram separados por diversas vezes e chegaram a ficar dois anos sem se encontrar, mantendo contato só via internet.

No Brasil, sua luta envolveu diversas tentativas frustradas de acordo com o pai das crianças. A primeira delas, sugerida por mim, foi recorrer à Comissão de Direitos Humanos do Senado Federal; à ministra Maria do Rosário, da Secretaria de Direitos Humanos; ao assessor da Presidência da República, Marco Aurélio Garcia; ao professor Fabio Konder Comparato; ao procurador Dr. Eugênio Aragão; ao ministro das Relações Exteriores, Antônio Patriota; dentre outros diplomatas.

Com a divulgação do caso pela imprensa, ela participou de diversos programas de televisão denunciando a situação. Neste caso, especialmente os Senadores por São Paulo Marta Suplicy (PT-SP) e Aloísio Nunes (PSDB-SP) apoiaram a causa de Jacy Raduan.

De volta à Alemanha, a Justiça do país decidiu pela não repatriação dos meninos sob a justificativa de que estariam habituados ao novo ambiente. À véspera de participar de uma Audiência Pública no Parlamento Europeu para denunciar os abusos das autoridades do conselho tutelar alemão contra genitores de crianças binacionais e as constantes negativas de repatriação de crianças retidas na Alemanha, ela foi perseguida pelas autoridades e retornou definitivamente ao Brasil, mas nunca desistiu, levando o processo até a Comissão de Combate ao Racismo da ONU.

Com o caso estagnado e os filhos crescendo, em junho de 2016, Jacy Raduan e o pai firmaram acordo extrajudicial condicionado à desistência de todo procedimento judicial sobre a guarda. O caso não seria mais levado à imprensa ou qualquer órgão governamental. Jacy foi autorizada a estar com eles três vezes ao ano na Alemanha, por um mês em cada visita, com apenas um pernoite por semana.

O aumento dos contatos foi progressivo, mas não permitiu que o avô brasileiro tivesse seu último desejo de ver os dois únicos netos antes de falecer realizado. O convívio ainda é restrito, mas a qualidade da relação é imensa. Mãe e filhos, mesmo estando separados por um oceano, mantêm o forte amor entre si.

Maria de Lourdes Mello Vasconcelos

Maria de Lourdes Mello Vasconcelos viveu uma situação de muito sofrimento, assim como as outras mães que tiveram seus filhos sequestrados. Mas em seu caso, seu filho de 49 anos, o engenheiro João José Vasconcelos foi sequestrado no Iraque. Ele era diretor da construtora Norberto Oderbrecht e estava naquele país para a construção de uma usina elétrica. Desapareceu no dia 19 de janeiro de 2005, quando radicais islâmicos atacaram o automóvel em que ele viajava perto da cidade de Baiji, a cerca de 180 quilômetros de Bagdá.

Por mais de dois anos, Maria de Lourdes ficou sem notícias de seu filho, e sem entender por que não havia nenhuma comunicação por parte dos grupos Brigadas Mujahedin e do Exército de Ansar al-Sunna, que reivindicaram o sequestro. Diferente do usual, João José não teve fotos ou vídeos divulgados pela imprensa, nem uma palavra dos grupos que assumiram o atentado.

Maria de Lourdes Vasconcelos enviou uma carta aberta comovente para o presidente Lula, pedindo maior transparência nas comunicações entre o Itamaraty e a construtora, contando de sua dor e de sua tristeza. No Dia das Mães, li a carta na tribuna do Senado para reforçar o seu apelo. Fiquei em contato também com seus familiares, de Juiz de Fora, Minas Gerais, e levei o tema diversas vezes para a Comissão de Relações Exteriores, da qual eu era membro.

Além de nós parlamentares, personalidades esportivas como o jogador Ronaldo, fizemos apelos humanitários, e familiares do engenheiro gravaram mensagens, veiculadas, então, na imprensa escrita e em cadeias de TV dos países árabes.

Em 14 de junho de 2007, dois anos e meio após o sequestro, o Itamaraty divulgou uma nota atestando a morte de João José Vasconcelos, após a confirmação da sua identidade por meio de exame realizado por peritos forenses em sua arcada dentária. Os restos mortais do engenheiro foram repatriados ao Brasil e, finalmente, ele pôde ser enterrado no dia 15 de junho, em Juiz de Fora. A localização de seu corpo não aplacou a dor de Maria de Lourdes pela perda do filho, mas colocou fim à angústia da falta de informações.

Vagna Bandeira Abbas

Fui procurado por Vagna Bandeira Abbas no início de março de 1999, pedindo a minha ajuda para trazer de volta ao Brasil seus dois filhos sequestrados pelo pai e levados para o Líbano. No dia 13 de junho de 1997, o ex-marido de Vagna, o engenheiro Atef Said Abbas, com nacionalidades brasileira e libanesa, saiu de casa dizendo que ia à farmácia e desapareceu com seus filhos menores: Belal, de três anos, e Hamze, de apenas oito meses. Com a intenção de levar as crianças para o Líbano, ele falsificou a assinatura da mãe em um cartório e emitiu os passaportes das crianças e uma autorização de viagem. Desde então, a mãe tentava recuperar as crianças.

Em maio de 1998, Vagna foi ao Líbano, na esperança de reaver os filhos. Como não conseguiu encontrar as crianças nas primeiras duas semanas, ela decidiu fazer uma greve de fome em protesto, que durou quinze dias, dentro da Embaixada do Brasil. Devido à publicidade que o caso alcançou, as autoridades libanesas decidiram abrir processo contra Atef. Vagna teve a permissão de passar algumas horas com as crianças no Ministério da Justiça, na presença de familiares do ex-marido. Quase um ano após o sequestro, o filho mais novo não reconheceu a mãe.

O engenheiro chegou a ser detido no Líbano, sendo logo liberado. Além de Atef Said Abbas ser também cidadão libanês, o Brasil não tinha acordo de extradição com o Líbano. Confiante de que o processo teria prosseguimento, Vagna retornou ao Brasil. Nesse meio tempo, no dia 7 de dezembro de 1999, ela conseguiu sua primeira vitória, com a condenação do cartório em R$1 milhão por danos morais. Mas, infelizmente, não teve mais notícias do processo, que ela acreditava que traria seus filhos de volta ao Brasil e, por isso, decidiu me procurar.

Considerando-se ser uma das atribuições de nossas embaixadas zelar pelos interesses dos cidadãos brasileiros no exterior, e considerando-se que desde o início as autoridades brasileiras sediadas no Líbano assumiram o caso junto à Justiça, encaminhei requerimentos de informações para o Ministro das Relações Exteriores, bem como ao Ministro da Justiça, sobre quais providências esses órgãos vinham adotando para solucionar o problema do repatriamento das crianças. Como está o andamento dos processos que correm na Justiça libanesa? Atef Said Abbas encontra-se no Líbano? Tem respondido aos chamamentos da Justiça libanesa? Como esses órgãos mantêm a mãe, Vagna Bandeira Abbas, informada sobre o andamento dos processos? Quais as tratativas que o governo brasileiro vem tomando para que possa, em acordo com o governo libanês, trazer as crianças de volta para a sua mãe no Brasil? Não era uma situação fácil.

Nesse tempo, Vagna obteve informações que Atef Said Abbas fugiu do Líbano para trabalhar na Romênia, com a intenção de livrar-se de possíveis sanções da justiça de seu país, tendo deixado seus filhos com familiares. A Interpol chegou a prender o engenheiro na Romênia. Entretanto, o pedido de extradição feito pelo governo brasileiro foi negado, por falta de acordo entre os dois países. Depois desses fatos, Vagna não mais me procurou.

Eliana Marz

Eis o depoimento de Eliana Marz enviado carinhosamente a mim:

> Eu estava em Brasília há apenas dois dias quando um jornalista me sugeriu que procurasse o senador Eduardo Suplicy para pedir ajuda. Minha filha de 11 anos com Síndrome de Down havia sido repatriada pelo pai para a Alemanha, em um processo de aplicação da Convenção de Haia cheio de irregularidades. Isso abriu uma imensa ferida em meu coração de mãe! No dia 21 de março de 2012 soube de um evento dirigido às pessoas com deficiência em que eu poderia encontrá-lo. De imediato, o senador disponibilizou pessoas do gabinete, e até mesmo amigos pessoais, que me auxiliaram com a produção de um texto sobre todo o caso a ser apresentado na Comissão de Relações Exteriores do Senado no dia seguinte.
>
> Ficamos até a madrugada trabalhando na compilação da documentação e na formatação do texto. O fato de ser uma absoluta desconhecida não o impediu de enxergar aquilo que eu era: uma mãe ferida de morte necessitando de socorro. Após minha participação na reunião da CRE vieram muitas nos Conselhos de Direitos Humanos e muitos ofícios com solicitações de audiências. O senador Eduardo Suplicy de imediato se empenhou para que eu tivesse um encontro com a ministra Maria do Rosário, que

ocupava a Secretaria Nacional de Direitos Humanos. Durante todo o tempo, ele sempre me apoiou e incentivou para continuar na luta. Ele me recebia em seu gabinete mesmo quando o único tempo disponível era durante o seu rápido almoço. Algumas vezes tive a honra de ser convidada a almoçar com ele.

Veio então o mês de maio e amigos me sugeriram acampar na Praça dos Três Poderes para conseguir a atenção do Supremo Tribunal Federal. Eu pleiteava uma audiência com o ministro Carlos Ayres Britto, então presidente do STF. Nunca encontrarei palavras suficientes para descrever o carinho e o apoio que recebi de todos do gabinete do então senador Eduardo Suplicy naqueles dias difíceis de protesto na praça. Em um desses dias em que eu estava na praça, o senador estava participando de uma audiência na CRE e solicitou a um de seus funcionários que fosse me buscar na praça para me apresentar ao então ministro da Relações Exteriores, Antônio Patriota. Quando cheguei, o senador Suplicy me enviou um bilhete, que guardo ainda hoje comigo, pedindo que relatasse brevemente meu caso pois ele me apresentaria aos ilustres participantes. Assim o fez.

Chegou um momento em que as minhas inúmeras solicitações já não eram mais apenas para mim, mas para muitas outras mães que viviam dramas similares. Em junho de 2014, eu e a Jacy Raduan trabalhamos em uma sugestão de projeto de lei para melhoria da aplicação da Convenção de Haia. Fomos para a Praça dos Três Poderes colher assinaturas e divulgar o problema tão difícil para tantas mães. Novamente recebemos o apoio do senador Eduardo Suplicy. Ele inclusive nos convidou a participar de uma reunião da Comissão de Direitos Humanos onde debatia-se o tema estranhamente sem a presença das mães atingidas. Muitas são as mães com motivos para serem eternamente gratas a ele. Em casos como os nossos é necessário um intenso trabalho de envio de ofícios a todos os órgãos governamentais e a entidades e pessoas passíveis de ajuda. O senador Suplicy já enviou cartas até mesmo à Rainha Silvia da Suécia e ao Papa Francisco solicitando ajuda.

Suplicy nunca se deixou intimidar em atender solicitações das mães vítimas da aplicação desordenada e desumana da Convenção de Haia. Ele solicitava retorno de informações às mães, inquiria órgãos governamentais sobre irregularidades cometidas e questionava os excessos. Nesses anos de luta pela causa das mães, nada teria sido possível sem a ajuda de aliados iluminados como ele. Posso citar muitas mães apoiadas por ele, como Jaqueline, Alexandra, Claudia, Isabela, Jacy, Adriana, Bianca, Karla, Samara, Flávia, Daniela, Júlia, Renata e Tunísia, entre muitas outras. Se fôssemos flores, teríamos aqui um belo arranjo de rosas da gratidão!

O gabinete do senador Eduardo Suplicy se transformou em um verdadeiro lar para tantas mães sofridas, que lutam por justiça. Ele e toda sua equipe nos receberam sempre com um carinho familiar tão precioso em nossas horas de angústia! Agradeço com carinho e gratidão.

CAPÍTULO IX

A RESISTÊNCIA DO
TEATRO OFICINA

Desde a adolescência, aluno do Colégio São Luís e depois da Fundação Getúlio Vargas, final dos anos 1950 e início dos 1960, comecei a frequentar o Teatro Oficina, estimulado por amigos comuns de José Celso Martinez Corrêa, como Jorge da Cunha Lima e Paulo Cotrim. Eu, como diretor cultural e presidente do Centro Acadêmico de Administração de Empresas, da FGV (1960-1964), conseguia adquirir os ingressos com 50% de desconto. Lotávamos o teatro. Após a peça, organizávamos debates entre os diretores, artistas, professores e estudantes. Dentre outras, assistimos a *Um Bonde Chamado Desejo* de Tennessee Williams; *Galileu Galilei*, de Bertolt Brecht; *Os Pequenos Burgueses*, de Máximo Gorki; e *A Engrenagem*, de Jean Paul Sartre.

Acompanho o Teatro Oficina até hoje, onde assisto a espetáculos de ótima qualidade, como *Roda Viva*, de Chico Buarque; e *Os Sertões*, de Euclydes da Cunha, tornando-me amigo de Zé Celso e de tantos artistas do Oficina. Essas peças e debates são parte importante de minha formação, em especial a vontade de sempre procurar a verdade e de realizar justiça. São contribuições fundamentais para o desenvolvimento da cultura em São Paulo e no Brasil, por sua capacidade de autotransformação, criação e de atitudes inovadoras.

O Grupo Oficina, liderado pelo estudante José Celso, formou-se em 1958, na tradicional Faculdade de Direito do Largo de São Francisco da Universidade de São Paulo, e desde o início assumiu uma postura crítica diante da realidade. A estreia do grupo foi em sua atual sede, no bairro do Bexiga, em São Paulo, no prédio anteriormente utilizado por um grupo de teatro espírita, na rua Jaceguai, 520. Em 1961, o grupo Oficina se profissionalizou, transformando-se numa companhia teatral de renome nacional e internacional.

A história do teatro é marcada pela resistência para se manter vivo. Em 1966, após um incêndio destruir a sede do teatro, antigos sucessos foram remontados para levantar fundos e reconstruir o prédio. Em 1971, com *Gracias, Señor*, obra de criação coletiva, emergiu o Oficina Uzyna Uzona. Em 1974, depois de ser detido pela polícia política, Zé Celso se exilou, trabalhando precariamente em Portugal, onde dirigiu o filme *Vinte e Cinco*. No retorno ao Brasil, em 1979, concentrou esforços em projetos com novas linguagens. Em 22 de agosto de 1981, estávamos juntos assistindo a um show de João Gilberto quando recebemos a notícia da morte do cineasta Glauber Rocha. Zé Celso se recorda que paguei a sua passagem de avião para irmos juntos ao enterro, no Rio de Janeiro. Nessa fase, dirigida por Zé Celso, a produção de espetáculos, de vídeos, de filmes e de músicas se tornaram coletivas. As encenações de *As Bacantes*, adaptação do texto de Eurípedes, em 1996; e *Cacilda*, do próprio José Celso, em 1998, seguem a proposta de releitura dos textos originais.

No início dos anos 1980, o Grupo Silvio Santos começou a comprar os terrenos que cercavam o Teatro Oficina, para substituir os simpáticos sobrados de arquitetura popular italiana e a sinagoga mais antiga da cidade, entre as ruas Santo Amaro, Jaceguai, Abolição e Japurá, por um grande shopping center. A intenção era arrematar a quadra toda, incluindo o terreno do teatro. Por lei, o Oficina, que alugava o imóvel há mais de vinte anos, teria direito à preferência da compra. Uma grande mobilização pública foi feita, que culminou em um show no Ibirapuera, em novembro de 1980, para levantar recursos e dar a entrada na compra. O restante do dinheiro viria por financiamento bancário, mas não foi aprovado.

Com meu grande amigo José Celso Martinez Corrêa.

Em paralelo, o Oficina recorreu à Secretaria de Estado da Cultura para tombar o imóvel e manter a sede, sob a justificativa de ser um prédio que conservava elementos da arquitetura típica do Bexiga, construída pelos italianos, e de contribuir para a renovação da mentalidade artística no Brasil, matriz inspiradora de várias gerações de artistas cênicos. Contou com o apoio dos importantes arquitetos que lá trabalharam, como Lina Bo Bardi, Flávio Império, Joaquim Guedes e Hélio Eichbauer. Em 03 de dezembro de 1980, o Grupo SS anunciou a desistência da compra naquele momento.

O processo de tombamento teve sua primeira decisão contrária em 1981, com a alegação de que deveria ser analisado pela esfera municipal, e não a estadual. Entretanto, em 1982, um novo pedido reivindicando a preservação do bem cultural em sua atividade obteve sucesso e, em 16 de novembro, o Teatro Oficina foi tombado por unanimidade pelo Condephaat, o Conselho de Defesa do Patrimônio Histórico. A arquiteta italiana Lina Bo Bardi assumiu a obra de reconstrução. Em 1991, foi também tombado pelo Conpresp, o Conselho Municipal de Preservação do Patrimônio Histórico, Cultural e Ambiental da Cidade de São Paulo.

O primeiro projeto do Grupo SS era um shopping com o nome de Bela Vista Festival Center, um edifício de oito andares, quatro deles de estacionamento subterrâneo, 8 mil m² de lojas comerciais e uma torre com 96 metros de altura. O projeto, aprovado pelos órgãos de preservação, conseguiu alvará de construção em 2000. O Oficina reagiu e foi a público lutar contra seu emparedamento. Apresentou à Promotoria de Justiça do Meio Ambiente um projeto alternativo para a área, o Anhangabaú da "FelizCidade". A tentativa de diálogo não teve sucesso. Até o projeto do grupo SS ser embargado por não cumprimento da legislação urbana.

Em abril de 2004, em razão de uma sugestão formulada pelo psicanalista Contardo Caligaris, numa coluna na *Folha de São Paulo*, em que dizia ver com bons olhos um encontro entre o José Celso Martinez Corrêa e o Silvio Santos, avaliei que seria ótimo articular essa reunião. Eu tinha uma boa relação com Silvio Santos, que algumas vezes me convidou para participar do Teleton para obter recursos para a Associação de Assistência à Criança Deficiente (AACD). Em especial, nos aproximamos pela participação do Supla no programa "A Casa dos Artistas", no SBT, em 2001.

Silvio Santos aceitou conversar e o encontro aconteceu numa tarde de domingo, no Teatro Oficina. Fui com o Supla. Quando Silvio Santos chegou, José Celso e aproximadamente cinquenta atores e atrizes deram boas-vindas cantando uma música de *Os Sertões*. Tiveram um diálogo de entendimento que os deixou contentes e de bom humor. Desse encontro nasceu a promessa de realização de um projeto conjunto que atendesse os dois lados. Silvio Santos me disse que era a primeira vez que ele entrava no Teatro Oficina, e que tinha gostado muito. Ficou de voltar, a convite do José Celso, para ver e atuar na peça de Oswald de Andrade, *O Rei da Vela*.

Entre 2001 e 2007, o grupo Oficina representou os cinco capítulos de *Os Sertões,* obra de Euclides da Cunha, em várias cidades brasileiras e na Europa, sonho antigo do diretor Zé Celso. Em especial na cidade de Quixeramobim, onde nasceu Antônio Conselheiro e se desenvolveu a saga. Eu tive a oportunidade de assistir ao quarto capítulo em Canudos, onde testemunhei o enorme interesse da plateia de aproximadamente mil pessoas, numa cidade de 14 mil habitantes, em grande parte estudantes, e também dançar as suas músicas sertanejas. Pessoas de todas as idades vibraram com o espetáculo. A certa altura, as artistas e os artistas me convidaram para ser parte do elenco.

A empresa do Grupo Silvio Santos contratou o escritório Brasil Arquitetura, de discípulos de Lina Bo Bardi, para criar um segundo projeto de shopping center, agora com um Teatro de Estádio. O Oficina não aceitou, por considerar que o shopping iria descaracterizar o popular bairro do Bixiga. O projeto do Bela Vista Festival Center foi aprovado pelos órgãos de preservação do patrimônio, mas impedido de ser construído pela Justiça em 2007. Enquanto isso o Grupo SS seguiu com as demolições da quadra, que, aliadas aos vazios sob o Minhocão, desertificaram a paisagem urbana desse pedaço do Bixiga.

Em 2010, o Teatro Oficina foi tombado pelo Iphan, o Instituto do Patrimônio Histórico e Artístico Nacional, sendo reconhecida a arquitetura teatral e o fazer artísticos como patrimônio nacional. A história sofreu uma reviravolta, quando Silvio Santos decidiu emprestar o terreno para a montagem do *Teatro de Estádio,* do projeto *Dionisíacas em Viagem.* As portas dos fundos do Oficina foram abertas, concretizando o teatro-rua preconizado por Lina Bo Bardi. Foi o primeiro contato com o tão desejado entorno. Em contrapartida, o Grupo Silvio Santos propôs a troca do terreno por qualquer outro da União. O Oficina tentou se articular com os governos do Estado, do município e da União para que o terreno do entorno finalmente se tornasse público.

Após seis anos de diálogos com os secretários de Cultura, prefeitos e ministros da Cultura, como Juca Ferreira, que muito apoiou o Teatro Oficina no governo Lula, quando todas as condições necessárias exigidas pelo grupo estavam sanadas, Silvio Santos desistiu do processo. O grupo SS apresentou o terceiro projeto, que está atualmente em tramitação, mudando a tipologia para três torres residenciais, com trinta andares e cem metros de altura.

No primeiro semestre de 2017, José Celso conversou comigo sobre a possibilidade de ter um encontro com o então prefeito João Dória. Escreveu uma longa e bonita carta a ele sobre o Teatro Oficina.

Encontro entre Silvio Santos, José Celso, eu e
meu filho Supla, no Teatro Oficina, em 2004.

Dória aceitou e foi marcado o encontro, no SBT, com Silvio Santos,
José Celso, eu e ele. Infelizmente não houve acordo. A disputa já virou
uma luta simbólica entre uma companhia teatral e uma grande empresa
de especulação imobiliária. Enquanto isso, na Câmara Municipal de
São Paulo, lutamos para criar o Parque Lina Bo Bardi do Bixiga, nome
sugerido pelo Oficina. Em 2 de fevereiro de 2020, com o apoio de vereadores de inúmeros partidos, inclusive da base do governo, o projeto
foi aprovado pelos vereadores em segunda votação, com apenas cinco
votos contrários. Infelizmente, em 16 de março de 2020, no final de
semana em que o prefeito Bruno Covas se encontrava em licença de
saúde, o prefeito em exercício, Eduardo Tuma, vetou o projeto aprovado. Protocolei novo Projeto de Lei com o objetivo de criar o Parque
do Rio Bixiga. Não iremos desistir pelo bem da cultura do nosso país,
dos moradores do Bixiga e da cidade de São Paulo.

CAPÍTULO X

VIOLÊNCIA NO PINHEIRINHO

Centenas de feridos, muito gás lacrimogênio, balas de borracha, cachorros, cavalos, tratores derrubando casas, muitas lágrimas, muitas mães desesperadas. Esse é o retrato do lamentável episódio de reintegração de posse de uma área, conhecida como Pinheirinho, em São José dos Campos, ocorrido no dia 22 de janeiro de 2012, do qual fui testemunha direta. Antes disso, participei de negociações com o governo do Estado de São Paulo e membros da Justiça paulista para evitar esse desfecho. Depois, denunciei os abusos e o desrespeito aos direitos humanos praticados pela Polícia Militar paulista. Essas denúncias resultaram em inquéritos, que levaram à punição de vários policiais que cometeram arbitrariedades.

Acompanhei de perto a marcha da insensatez das decisões das autoridades que foram responsáveis pela truculência, violação dos direitos humanos e desprezo pelos menos favorecidos. Não foi por falta de argumentos e alternativas às autoridades do Judiciário e do governo do Estado que o episódio não teve outro desfecho. Essa insensibilidade do poder público descambou num cenário de uma violência desproporcional utilizada contra 1.800 famílias, a fim de entregar um terreno a Naji Nahas, protagonista de crimes financeiros que aconteceram na Bolsa de Valores de São Paulo, que tinha, por sua massa falida, a propriedade daquela área.

Um terreno, diga-se, que foi fruto de grilagem, que nunca recolheu impostos, que devia milhões aos cofres públicos. Uma área que estava há mais de trinta anos sem produzir absolutamente nada. Durante todos esses anos, não cumpriu qualquer função social. A brutalidade foi enorme e as irregularidades processuais ainda maiores. Foi um festival de irregularidades praticado pela Justiça paulista. Foi desrespeitada a decisão da Justiça Federal favorável aos moradores.

A história do Pinheirinho começou em 2004, quando pessoas sem moradia passaram a ocupar a área. Ainda em 2004, a proprietária obteve reintegração liminar, que não chegou a ser cumprida. Como lembrou o desembargador aposentado do Tribunal de Justiça de São Paulo e professor de Direito Civil desde 1973, José Osório de Azevedo Júnior, em artigo publicado na *Folha de S. Paulo*, em 9 de fevereiro de 2012, devido a um imbróglio processual, os ocupantes permaneceram no local:

> Em 2011, uma nova decisão ordena a reintegração. Foi essa ordem que o Poder Executivo cumpriu no dia 22 de janeiro, com aparato policial, caminhões e máquinas pesadas, inclusive tratores, para realizar a demolição daquela que era praticamente uma pequena cidade. A ordem era, porém, inexequível, pois, em sete anos, a situação concreta do imóvel e sua qualificação jurídica mudaram radicalmente. O que era um imóvel rural se tornou um bairro urbano. Foi estabelecida uma favela com vida estável, no seu desconforto.

Para resolver a situação, no início de janeiro de 2012, os líderes da Comunidade do Pinheirinho fizeram vários apelos para a realização de um entendimento entre a Prefeitura, o síndico da massa falida, na qual estava inserida o terreno, e os governos Estadual e Federal para que os direitos dos habitantes fossem preservados. Marquei então, juntamente com o deputado federal Ivan Valente (PSOL) e os deputados estaduais Carlos Giannazi (PSOL) e Adriano Diogo (PT), uma conversa com o presidente do Tribunal de Justiça de São Paulo, o desembargador Ivan Sartori. Solicitamos a suspensão da ordem de reintegração de posse da área, pois estávamos prestes a concluir os entendimentos para a

Visita aos moradores da Comunidade do Pinheirinho.

destinação do terreno para assentamento definitivo da comunidade de cerca de sete mil pessoas.

Orientados por Sartori, conseguimos um entendimento que propiciou a suspensão da reintegração de posse por quinze dias, a fim de que fossem concluídos os acertos para a destinação social da área. O juiz Luiz Beethoven Giffoni Ferreira, em despacho no próprio texto do acordo firmado com o síndico da massa falida, Jorge T. Uwada, registrou que telefonara para a juíza Márcia Faria Mathey Loureiro, da 6ª Vara Cível de São José dos Campos, responsável pela expedição da ordem de desocupação, informando sobre o acordo e o prazo de quinze dias concedidos para um entendimento.

As negociações continuaram. Na quinta-feira, 19 de janeiro, participei, na Secretaria Municipal de Habitação de São Paulo, de uma reunião com a secretária Nacional de Habitação, Inês Magalhães, quando discutimos a questão do assentamento da Favela do Moinho. Ouvi dela a disposição de realizar um entendimento com o prefeito Eduardo Cury (PSDB), de São José dos Campos, e com o governador Geraldo Alckmin (PSDB). Na mesma tarde, por telefone, o governador me transmitiu que o governo do Estado estava disposto a realizar as obras de infraestrutura no Pinheirinho, desde que concluídos os entendimentos entre os três níveis de Governo.

No dia 20 de janeiro, o prefeito de São José dos Campos esteve em minha casa, em São Paulo, onde conversamos por mais de uma hora sobre a situação da comunidade do Pinheirinho. Ele disse que entendia o problema dos moradores, e que queria resolver a questão. Também relatou os diálogos que ao longo desses anos tivera com algumas das lideranças da ocupação e de como tiveram divergências, ainda que se sentisse responsável como prefeito pela educação e saúde, sobretudo das crianças da comunidade.

No sábado, dia 21, fui à São José dos Campos participar da assembleia dos moradores do Pinheirinho, aos quais transmiti as negociações até então realizadas. Recomendei a todos muita serenidade e lembrei as recomendações de Martin Luther King Jr., de que contra a força física devemos utilizar a força d'alma. Consultei todos os 600 participantes sobre a disposição de bem receber o prefeito Eduardo Cury para conversar sobre a melhoria de atendimento dos serviços essenciais de educação e saúde, dentre outros. Todos os presentes levantaram a mão em sinal positivo.

Infelizmente, quatro dias depois, o acordo foi rompido. No dia 22 de janeiro, um domingo, fui surpreendido, às 6h30 da manhã, por um telefonema do vereador Tonhão Dutra, do PT de São José dos Campos, com a informação de que a Polícia Militar, com um grande efetivo, havia cercado a área e iniciado uma invasão para desalojar todas as famílias.

De imediato, fui para o Palácio dos Bandeirantes falar com o governador Alckmin. Cheguei às 7h30 da manhã e, às 8h30, ele me recebeu para um café e me assegurou que a PM agiria com todo o respeito e civilidade junto à população, sem o emprego de violência.

Entretanto, durante nossa conversa, recebi telefonemas informando sobre bombas e tiros que estavam sendo disparados na reintegração. Dava para ouvir pelo telefone. O governador, então, ligou para o juiz Rodrigo Capez, que se encontrava em Pinheirinho por designação do presidente do Tribunal de Justiça, com a responsabilidade de evitar quaisquer abusos. Ele disse que procuraria assegurar junto ao coronel Messias, que comandava a operação, procedimentos mais adequados.

Tal operação militar ocorreu porque o juiz da 18ª Vara Cível de São Paulo, Luiz Beethoven Giffoni Ferreira, por razões não esclarecidas até hoje, havia reconsiderado sua decisão anterior, quebrando o acordo firmado por todas as partes envolvidas, que considerava o prazo acordado de quinze dias para o entendimento final.

A decisão de Ferreira, que não levou em conta as graves consequências sociais de sua sentença, somente foi publicada no dia 26 de janeiro. Não poderia, pois, o próprio presidente do Tribunal de Justiça, Ivan Sartori, dar anuência à reintegração da posse antes da publicação daquela decisão, que foi tomada sem qualquer comunicação às partes interessadas.

Sobre o modo como foi realizada a reintegração de posse do Pinheirinho, os depoimentos dos moradores, autoridades, testemunhas e jornalistas que lá estiveram nos dias 22, 23 e 24 de janeiro de 2012 indicavam que houve gravíssimos abusos cometidos por parte das autoridades policiais, sintetizados em relatório colhido pelo Conselho Estadual de Defesa dos Direitos da Pessoa Humana e pelo Conselho Nacional dos Direitos da Criança e do Adolescente.

Tendo em conta a gravidade dos fatos, ao acompanhar depoimentos realizados para o promotor João Marcos Costa de Paiva, solicitei ao governador Alckmin, ao ministro da Justiça, José Eduardo Martins Cardozo, e à ministra da Secretaria Nacional dos Direitos Humanos, Maria do Rosário, a imediata adoção das providências necessárias à proteção da integridade física de todas as vítimas dos episódios relatados, bem como de suas famílias.

Paralelamente a esses fatos, ocorreram graves violações aos direitos humanos, como torturas e sevícias, realizadas por membros da Polícia Militar do Estado de São Paulo, na madrugada de 22 para 23 de janeiro de 2012, na região do Campo dos Alemães, também em São José dos Campos. Por volta das 23h40 do dia 22, três viaturas da Rota, com cerca de onze policiais, pararam diante de uma casa, cuja porta estava entreaberta. Eles entraram na residência e notaram um rapaz assistindo televisão deitado no sofá, e uma moça, companheira dele, que estava preparando uma pizza para servir aos amigos e à família. O pai do rapaz, uma pessoa idosa, de uns 65 anos, estava no quarto. Na parte externa, havia uma escada pela qual se chegava a uma outra sala, onde estavam duas moças e três rapazes, conversando e esperando para comer a pizza.

Os policiais então, perguntaram para o rapaz, de maneira muito ríspida e desrespeitosa: "onde estão as drogas?". Chegaram até a besuntar um cabo de vassoura com algum produto da cozinha, e disseram que se ele não falasse iriam violentá-lo. Ao ouvir o filho gritando, os policiais ameaçaram o pai: "você fica aqui no seu quarto".

A moça que estava na cozinha foi levada com o policial para o quarto dela, onde ele quis ter relações sexuais. Para se proteger, disse que tinha aids. O policial duvidou: "como você tem aids se namora o seu companheiro? Porque eu uso camisinha. E onde está a camisinha? Está ali no banheiro". Ele entrou no banheiro com ela e a forçou a fazer sexo oral.

Outros policiais daquela operação foram até o local onde estava a segunda moça com os rapazes e a colocaram na viatura da Rota, ameaçando estuprá-la. Ao desistirem e voltarem para a casa, um dos policiais a levou para o quarto e também a forçou a realizar sexo oral. Eles permaneceram no local das 23h40 até 4h da manhã. Isso é um resumo do que elas descreveram com maiores detalhes.

O rapaz de 17 anos que estava no sofá foi levado para a Fundação Casa e os outros dois para o Distrito Policial. No dia seguinte, fui informado sobre o episódio. Resolvi me dirigir São José dos Campos e à casa no Campo dos Alemães, onde ouvi os depoimentos. Estavam juntas a jornalista Laura Capriglione e a fotógrafa Marlene Bergamo, que tudo testemunharam.

Dois anos depois dos episódios, aconteceu um fato que considero grave. No dia 30 de setembro, cinco dias antes das eleições de 5 de outubro de 2014, na qual eu era candidato ao Senado, e tinha como adversário mais forte José Serra, do PSDB, o Portal Terra publicou uma entrevista do então vereador Coronel Telhada (PSDB). Ele afirmou que:

> O senador Eduardo Suplicy só defende bandido. Imagine que outro dia ele relatou que um policial militar havia estuprado uma moça. Essa moça prestou um primeiro depoimento descrevendo o abuso sexual, mas duas ou três semanas depois, ela retornou ao quartel e disse que antes estava com a cabeça muito quente, por isso resolveu voltar lá e mudar o depoimento e dizer que o senador Eduardo Suplicy é que a havia instado a falar aquilo.

Segundo Telhada, a moça voltou ao batalhão e disse: "eu não estou conseguindo dormir direito, porque me mandaram falar aquilo, mas não aconteceu nada. Foi o senador Suplicy que me mandou vir aqui e dizer que eu tinha sido estuprada".

Eu considero isso uma acusação inverídica, extremamente grave e com agravante de ter sido divulgada cinco dias antes das eleições para o Senado. Não houve tempo para pedir um direito de resposta. Mas tão grave foi a acusação caluniosa, que logo após o 5 de outubro, domingo, eu me dirigi ao Fórum de São José dos Campos e conversei com o juiz do caso. Pedi autorização para ler os autos do processo relativo aos episódios do Pinheirinho e em especial o caso das duas moças que haviam sofrido violência sexual por parte daqueles policiais da Rota.

Eu soube do juiz que, cerca de dez dias antes, ele próprio havia negado *habeas corpus* aos onze PMs indiciados por aquele episódio em vista do conteúdo do depoimento das testemunhas. Diante disso, eu fiquei tão indignado que solicitei ao advogado do PT, Otto Funchal, para que entrasse com ação, tanto junto à Justiça Eleitoral quanto à Justiça Civil, relativa ao procedimento do coronel Telhada.

Fruto também de minhas denúncias, foram abertos inquéritos policiais militares para apurar responsabilidades pelos abusos cometidos por representantes do Estado, tanto na desocupação da área do Pinheirinho quanto às relativas aos crimes cometidos no Campo dos Alemães. Foi aberto um Inquérito Policial Militar (IMP), cuja conclusão levou ao indiciamento, pela prática de crimes comuns e militares, de quatorze policiais militares e outros seis foram indiciados pelo cometimento de transgressões disciplinares. O inquérito foi encaminhado ao Comando da Polícia Militar do Estado de São Paulo para remessa à Justiça Militar Estadual.

Em cerimônia realizada na Câmara Municipal de São Paulo em homenagem à Federação Paulista de Pugilismo, ao final de 2018, presente o deputado coronel Telhada, quando de minha fala, eu fiz referência ao episódio em que ele havia relatado uma inverdade a meu respeito, ocasião em que me pediu desculpas publicamente.

O Inquérito Policial Militar relativo ao Campo dos Alemães constatou a gravidade dos fatos que eu havia denunciado. A investigação ouviu as testemunhas, que registraram, de forma pormenorizada, o desrespeito que eu havia relatado. Mas algumas pessoas avaliaram que eu estava fazendo uma denúncia meramente política, quando, na verdade, era uma denúncia de crimes contra os direitos humanos. Tanto é que, após a minha insistência, a Corregedoria da PM de São Paulo, sob determinação do governador Geraldo Alckmin, confirmou a gravidade dos fatos.

Os episódios descritos nessa apuração, ocorridos tanto no Campo dos Alemães quanto na área do Pinheirinho, praticados de forma abusiva e desrespeitosa por vários policiais militares são estarrecedores e demonstram o despreparo de parte da tropa e do comando, tanto é que o comandante da operação foi objeto de indiciamento. As famílias que ali habitavam foram retiradas de suas casas de forma brutal e desumana. Tudo isso nos leva a crer que é necessário incrementar a instrução e o ensino dos comandantes da Polícia Militar e de seus componentes.

Tenho a certeza de que a grande maioria dos oficiais e praças, membros da corporação Polícia Militar de São Paulo procuram sempre tratar a população, mesmo em situações de confronto e perigo, com respeito e urbanidade; algo que eu sou testemunha. Mas registro, conforme me afirmou o secretário Fernando Grella Vieira, que a própria Polícia Militar, por intermédio de sua corregedoria, apurou os episódios. Numa corporação de noventa mil homens e mulheres é possível, embora não desejável, que ocorram erros em algumas situações.

Entretanto, esses episódios, assim como alguns excessos que têm caracterizado a ação de componentes da PM no controle das manifestações populares, estão a indicar a necessidade de uma mudança de comportamento da corporação. Um tratamento mais civilizado da PM para com a população, por mais difícil que isso possa ter lugar em situações de risco, será benéfico para toda a sociedade brasileira.

O episódio do Pinheirinho é lamentável, ainda, porque tudo levava a um entendimento entre as partes, mas a truculência prevaleceu. Destruíram um bairro inteiro de casas de alvenaria, com ruas traçadas, praças e avenidas, seis igrejas evangélicas e uma católica, com o sugestivo nome de Santa Madre Tereza de Calcutá, localizada na praça Quilombo dos Palmares. Também, na praça estava instalado o barracão de assembleias, onde nos sábados à tarde eram realizadas reuniões e confraternizações das famílias. Felizmente, isso é passado. Mas não será esquecido, para que nunca mais aconteça. Lembraremos do passado para preparar o futuro.

No dia 25 de março de 2014, a então presidenta Dilma Rousseff foi a São José dos Campos assinar a ordem de serviço para a construção das casas do programa Minha Casa Minha Vida, Residencial Pinheirinho dos Palmares, na gestão do prefeito Carlinhos Almeida, do PT. Em uma cerimônia memorável, ali estavam presentes e emocionadas cerca de três mil pessoas, a maioria mulheres com as suas crianças. Em dezembro de 2016, as casas foram entregues para aquelas famílias com condições de financiamento bastante favoráveis.

Com meu caro amigo e conselheiro, Leonardo Boff.

CAPÍTULO XI

INTERAÇÃO COM A IGREJA CATÓLICA E DEMAIS RELIGIÕES

Sou um católico praticante, sigo os ensinamentos e exemplos de meus pais, Paulo e Filomena, além de ser grande admirador do Papa Francisco. Na minha época de estudante, no Colégio São Luís, segundo colégio dos jesuítas criado no Brasil, conversava muito com o padre Dutra, responsável por alguns retiros que fiz. Ao longo de minha vida política, sempre interagi com sacerdotes e amigos como Leonardo Boff, Frei Betto e Dom Oswaldo Francisco Paulino, este último da Igreja São José, onde frequento a missa todos os domingos. Considero preciosos os momentos de diálogos com ele, que sempre me traz uma reflexão que me faz muito bem.

Para mim, acreditar em Deus e rezar pelos objetivos que considero tão importantes, desde a recuperação da saúde de uma pessoa querida até para que possa ser bem-sucedido em alcançar metas como contribuir para a queda da violência por meio da instauração de medidas como a Renda Básica, ou para conseguir reconquistar o amor de pessoas tão queridas é algo que me acompanha desde sempre.

Aproximei-me especialmente daqueles sacerdotes progressistas que abraçaram a Teologia da Libertação, como os já citados Leonardo Boff, Frei Betto, Dom Mauro Morelli, Dom Pedro Casaldáliga e Frei

Luiz Cappio. Ao conhecer o Conjunto Palmeira, em Fortaleza, tornei-me um entusiasta dos Bancos Comunitários, das moedas sociais como a Palma, da economia solidária, e muito parceiro de João Joaquim de Melo, que começou ali sua trajetória quando era um seminarista representante da Teologia da Libertação, aos 20 anos, designado por Dom Aloísio Lorscheider.

Procurei sempre apoiar o lançamento da Campanha da Fraternidade, realizada anualmente pela Igreja Católica no período da Quaresma. Coordenada pela Conferência Nacional dos Bispos do Brasil (CNBB), todo ano ela elege um tema diferente a ser tratado, buscando a solidariedade das pessoas em relação a um problema que envolve nossa sociedade, objetivando concretamente a transformação social e a busca de soluções para o tema escolhido. Em muitos desses lançamentos tive a oportunidade de comparecer na Catedral da Sé e como senador da República realizei diversos pronunciamentos, como, por exemplo, em 2011, quando o tema escolhido foi "Fraternidade e vida no planeta", nos alertando sobre a irrefletida avidez pelo lucro e pelo enriquecimento sem controle, bem como sobre a desmedida violência contra a natureza. Nestas e em diversas outras ocasiões tive a oportunidade de dialogar com Dom Paulo Evaristo Arns, Dom Cláudio Hummes e Dom Odilo Pedro Scherer.

Considero tais diretrizes sempre saudáveis para a boa realização do meu trabalho, bem como também para minha vida pessoal. Foram muitos sacerdotes junto aos quais estabeleci um excelente diálogo ao longo de minha vida política. Em Ermelino Matarazzo, na zona leste de São Paulo, desde os anos 1970, eu participei de inúmeras reuniões e encontros, especialmente com o padre Antônio Luiz Marchioni, o padre Ticão, importante liderança religiosa, que, na Paróquia São Francisco de Assis, sempre apoiou os movimentos sociais de moradia e de direitos humanos, inclusive com participação ativa para a criação da Escola de Artes, Ciências e Humanidades (EACH), conhecida como USP Leste. Ali, também participei de palestras e de cursos a respeito da *cannabis* medicinal, tão importante remédio para o tratamento de pacientes com doenças graves. Ticão também foi fundamental para abrir a USP para as pessoas idosas, a USP+60. Infelizmente, no início de 2021, perdemos essa importante referência, vítima de problemas pulmonares.

134

Celebração com o padre Júlio Lancelotti em
solidariedade à população em situação de rua.

Juntamente com o deputado federal Paulo Teixeira (PT-SP), muitas vezes estive também com Dom Angélico Sândalo, em celebrações importantes na zona leste. Todas essas oportunidades enriqueceram muito minha atuação parlamentar. Fato muito marcante foi acompanhar a forma como Dom Cláudio Hummes, quando bispo de Santo André, teve uma atuação de solidariedade aos trabalhadores metalúrgicos do ABC na Igreja Matriz de São Bernardo do Campo, de 1977 a 1980.

Vale mencionar, ainda, que em 1996 a ONU apontou o bairro Jardim Ângela, na zona sul de São Paulo, como o mais violento do mundo, em que havia se registrado 116 assassinatos a cada cem mil habitantes. O padre Jaime Crowe, da Paróquia dos Santos Mártires, iniciou uma campanha de conscientização e de ações sociais muito significativas, com resultados positivos. Dentre as iniciativas, no Dia de Finados, também organizou a "Caminhada pela Paz", saindo da Paróquia Santos Mártires até o Cemitério São Luís, com expressiva participação da comunidade. Convidado, procuro sempre estar presente.

Com D. Angélico Sândalo Bernardino e os meus
amigos, deputado Paulo Teixeira e sua esposa Alice.

Outra interação muito importante que tenho até hoje é com Frei
Betto, um dos mais importantes colaboradores do governo do presidente
Luis Inácio Lula da Silva e de programas como o "Fome Zero". Sempre dialogamos sobre a Renda Básica de Cidadania e a melhor forma
de erradicar a pobreza. O diálogo sobre os instrumentos de política

econômica para construir uma sociedade civilizada e justa também foi intenso com os padres da Igreja São Domingos, como frei Jorge e frei Carlos Josaphat. Esse ministrou importantes cursos sobre as encíclicas do Papa João XXIII, *Mater et Magistra* e *Pacem in Terris*, consideradas as melhores formulações éticas da dimensão social do Evangelho.

Considero de extrema importância o desenvolvimento de ações e o apoio às iniciativas do padre Júlio Lancelotti, especialmente aquelas destinadas às pessoas em situação de rua. Padre Júlio foi um dos organizadores do tradicional "Encontro de Natal com o Povo da Rua"; e com os membros das cooperativas de material reciclável, que contou, em suas edições, com a presença e apoio dos presidentes Luís Inácio Lula da Silva e Dilma Rousseff. Esse trabalho continua e tem sido fundamental durante a pandemia de covid-19.

Quando, em dezembro de 2007, o Bispo Dom Luiz Flávio Cáppio chegou a fazer uma greve de fome de mais de vinte dias para que o projeto de transposição do Rio São Francisco fosse objeto de mais aprofundado debate, com a participação das populações ribeirinhas, fiz uma visita a Sobradinho, na Bahia. Ali, após a missa na Capela São Francisco, onde ouvi com atenção as suas razões, as transmiti ao plenário do Senado e ao Presidente Lula em minha volta ao Senado. Na ocasião, relembrei de algumas das observações do Professor Aziz Ab'Saber sobre as vantagens e desvantagens da transposição.

Desde o tempo em que fui deputado federal, e também como senador, tive muitos diálogos com o padre Agostinho, que participou da Comissão Teotônio Vilella de Defesa dos Direitos Humanos, juntamente com o senador Severo Gomes, Paulo Sérgio Pinheiro, Marilena Chauí, João Baptista Breda, Maria Vitória Benevides, dentre tantos outros colaboradores. Com Frei João Xerri, também interagi bastante, inclusive quando de minha viagem ao Timor Leste, convidado que fui pelo presidente José Ramos Horta para lá explicar a Renda Básica de Cidadania.

Sempre relembro a ocasião em que fui convidado a falar sobre a garantia de uma renda mínima para as comunidades eclesiais de base, na sede da Conferência Nacional dos Bispos do Brasil, em Brasília, então presidida por Dom Luciano Mendes de Almeida. Após ter citado dezenas de filósofos e economistas que, ao longo da história, fundamentaram o direito à renda básica, inclusive Karl Marx (*Crítica ao Programa de Gotha*, 1875), quando diz que, numa sociedade mais amadurecida, os seres humanos irão se portar de tal maneira a poder se inscrever como lema da sociedade "de cada um de acordo com a sua capacidade, a cada um de acordo com a sua necessidade", o saudoso Dom Luciano muito gentilmente me disse: "Eduardo, você não precisa citar o Karl Marx para defender a sua proposta, porque ela é muito melhor defendida por São Paulo na Segunda Epístola aos Coríntios". Então, eu li a epístola e achei tão bela que sempre cito São Paulo e Karl Marx em minhas palestras.

Com Leonardo Boff, estabeleci um relacionamento muito forte desde quando, em 1980, ele era um dos responsáveis pela Editora Vozes, junto com Rose Marie Muraro. Eu lhes sugeri publicar o livro *A Queda para o Alto*, de Anderson Herzer, nascido Sandra Mara. A publicação transformou-se em um marco editorial, por ter sido a primeira pessoa transgênero no Brasil a contar a sua biografia, incluindo a passagem pela Febem, dos 14 aos 17 anos. Desde então, Leonardo Boff tem estimulado a luta pela implantação da Renda Básica de Cidadania Universal e Incondicional.

Desde 1970, quando Dom Paulo Evaristo Arns foi sagrado Cardeal de São Paulo, meus pais, Paulo (falecido aos 80 anos, em 1977) e Filomena (falecida aos 105 anos, em 2013), sempre tiveram ótima relação de amizade e interação com ele e com a sua irmã Zilda Arns, afinidade que se estendeu a toda nossa família. Estive presente no Ato Ecumênico de memória ao Vladimir Herzog, em 1975, na Catedral de São Paulo, e em tantas outras celebrações importantes coordenadas por Dom Paulo.

Como senador e vereador, mantive estreita cooperação com o Padre Paolo Parise, responsável pela Missão Paz, da Paróquia Nossa Senhora da Paz, que, sobretudo, dá atenção e acolhida aos refugiados e imigrantes dos mais diversos países, como Haiti, a Venezuela, Angola e Síria. Colaborei para que logo os imigrantes pudessem ter a sua documentação, aprender português e terem oportunidades de trabalho.

Tenho o maior respeito e muita interação com todas as religiões, especialmente ao longo desses 44 anos de vida política, período em

Ao lado do meu conselheiro Babalorixá Pai Rodney
Willian Eugênio do Ilê Obá Ketu Axé Omi Nlá.

que aprendi muito e só fez aumentar a minha consideração. Desde quando, em 1978, fui eleito deputado estadual, passei a interagir com duas pessoas que se tornaram amigas muito especiais, a quem tantas vezes pedi recomendações, energia e forças especiais: a Mãe Sylvia de Oxalá (1935-2014) e Pai Rodney William.

A Mãe Sylvia de Oxalá foi ialorixá do Terreiro de Candomblé paulista Axé Ilê Obá de 1986 a 2014, com formação acadêmica multidisciplinar: enfermagem, administração e relações internacionais, pessoa que sempre me recebeu com muito carinho nas festividades do Axé Ilê Obá, conversava muito sobre minhas decisões e caminhos políticos. Ela sempre contribuiu positivamente, por exemplo, para que eu levasse adiante a proposta da garantia de uma Renda Mínima e depois a Renda Básica de Cidadania, Universal e Incondicional para toda e qualquer pessoa, não importa a sua origem, raça, sexo, condição civil ou mesmo socioeconômica.

Como Martin Luther King Jr., ela tinha plena consciência de que esse é um dos instrumentos importantes para promover a maior igualdade entre as pessoas de todas as raças. Em 2017, como vereador por São Paulo, apresentei o projeto de lei n. 663/2017, que denomina o Centro Municipal e Culturas Negras do Jabaquara – Mãe Sylvia de Oxalá. Aprovada e sancionada em 2018, essa propositura presta justa homenagem à mulher que promoveu importantes conquistas de direitos ligados à população negra e sua religiosidade, destacando-se por seu engajamento em reivindicações voltadas à segurança alimentar, à promoção de saúde nos terreiros e da saúde das mulheres, combate à violência doméstica, à intolerância religiosa, ao racismo e apoio a políticas afirmativas.

Também me tornei amigo do Pai Rodney William Eugênio, babolorixá do Ilê Obá Ketu Axé Omi Nlá, antropólogo e doutor em ciências sociais pela Pontifícia Universidade Católica de São Paulo. Estive presente na sua brilhante defesa de sua tese. Pai Rodney tem uma percepção notável dos movimentos políticos-sociais e tem sido um excelente conselheiro dos caminhos mais corretos para que o Brasil se torne uma nação de fato sem racismo, justa, solidária e fraterna. Ademais, aprendi a respeitar com ele as forças e energias dos Orixás. Assim como rezo para Jesus e Nossa Senhora, também peço pela força dos Orixás.

Em 1º de maio de 2011, a ministra dos Direitos Humanos do governo de Michel Temer, Luislinda Dias de Valois Santos, na época desembargadora na Bahia, após dialogarmos, escreveu uma carta à presidenta Dilma Rousseff em que explicou como a mitologia dos orixás nos ensina a importância da partilha na distribuição de riquezas para o pleno funcionamento do nosso universo: "cada Orixá teria uma parte e, ao mesmo tempo, faria parte do todo exercendo seus direitos e deveres". E concluiu: "não há melhor maneira de promover a justiça ou a liberdade do que permitir que o povo tenha direito à renda".

Por dezenas de vezes, fui convidado para estar na Congregação Israelita no dia *Yon Kipur*, inclusive para ali falar sobre os fundamentos da Renda Básica de Cidadania. Uma vez, após ter visitado Israel e a Palestina, no diálogo organizado pelo Rabino Henry Sobel, ele me ensinou que a palavra mais citada no Antigo Testamento, 513 vezes, é

Tzedaká, que em hebraico significa Justiça Social, Justiça na Sociedade; o grande anseio do povo judeu, como também o é do povo palestino. Daí, a universalidade dos fundamentos da Renda Básica de Cidadania.

Da mesma forma, em muitas ocasiões, tive a oportunidade de dialogar com pastores evangélicos, quando convidado para fazer palestras. Em minha aproximação com pessoas de outras religiões, como por exemplo a ex-senadora e ministra Marina Silva, minha colega no Senado, e evangélica, sinto-me bastante confortável. Em 2001, me fez muito bem conversar com seu amigo pastor a respeito da tristeza causada por minha separação. São experiências riquíssimas e que comprovam a importância do debate por uma sociedade mais civilizada e justa.

Podemos encontrar em Confúcio, Buda, Maomé, nos pajés indígenas, além dos mais conhecidos e renomados economistas e filósofos do mundo, a busca por caminhos que levem à Justiça Social. Essas e tantas outras experiências somaram-se às convicções que defendo, como a de que todos nós devemos sempre seguir o exemplo de Jesus que, em sendo tão poderoso, resolveu se solidarizar e viver entre os mais pobres de forma que, para que haja justiça, para que haja igualdade, toda aquela pessoa que teve uma safra abundante não tenha demais; e toda aquela que teve uma safra pequena, não tenha de menos (segunda Epístola de São Paulo aos Coríntios).

Aprendi com Leonardo Boff e outros autores que:

> a espiritualidade é a dimensão peculiar de todo ser humano e o impulsiona na busca do sagrado, da experiência transcendente, na tentativa de dar sentido e resposta aos aspectos fundamentais da vida. Não é monopólio das religiões ou de algum movimento espiritual. É inerente ao ser humano. É a dimensão que eleva a pessoa para além de seu universo e a coloca em frente às suas questões mais profundas, no anseio de encontrar resposta às perguntas existenciais: de onde vim? Para onde vou? Qual o sentido da minha vida? Que lugar ocupo neste Universo? Que propósito tem minha vida?

A essas perguntas, tenho a convicção de que é ajudar a construir um Brasil e um mundo melhor e mais justo.

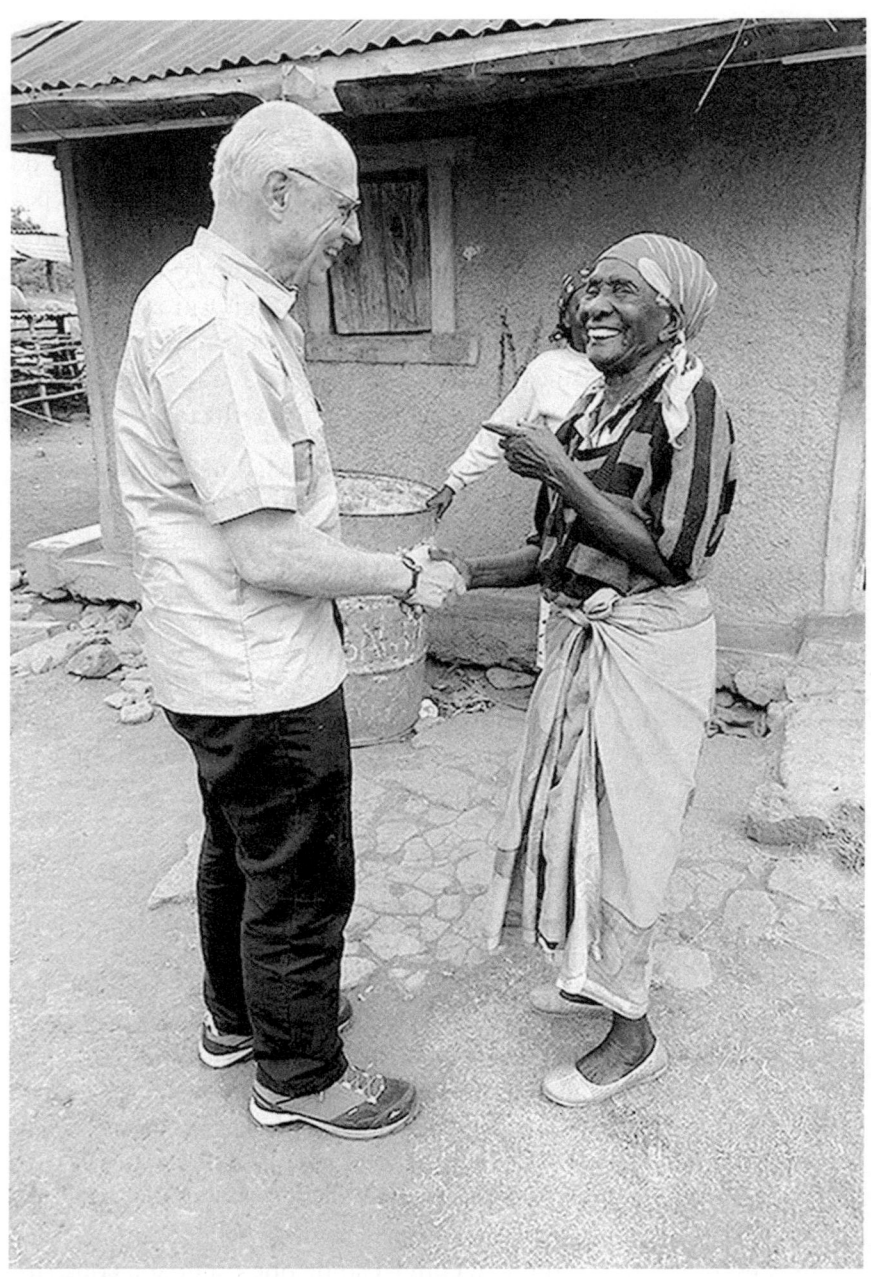

Em vilarejo no Quênia, onde moradores recebem
uma renda básica de vinte e dois dólares mensais.

CAPÍTULO XII

RENDA BÁSICA DE CIDADANIA E A EMANCIPAÇÃO DAS MULHERES

Em 8 de janeiro de 2004 tive um dos dias mais felizes de minha vida. No Palácio do Planalto, e com o salão lotado, o presidente Luiz Inácio Lula da Silva sancionou a Lei n. 10.835 de 2004 que institui a Renda Básica de Cidadania, o direito de todos os brasileiros residentes no Brasil e estrangeiros, no país há pelo menos cinco anos, receberem um benefício monetário de igual valor para todos, suficiente para atender às despesas mínimas de cada pessoa com alimentação, educação e saúde. A abrangência deverá ser alcançada em etapas, a critério do Poder Executivo, priorizando-se as camadas mais necessitadas da população. O Brasil foi o primeiro país do mundo a criar tal lei.

Na cerimônia, estavam a primeira-dama, Marisa Letícia, minha mãe Filomena, minha irmã Besita, a Mônica Dallari, o Professor Philippe Van Parijs, principal fundador da *Basic Income Earth Network*, o ministro José Dirceu, o professor Paul Singer, Secretário de Economia Solidária, e a prefeita de São Paulo, Marta Suplicy. O Brasil foi o primeiro país do Planeta Terra a ter uma lei aprovada pelo Congresso Nacional, com voto favorável de todos os partidos – em dezembro de 2002, no Senado, em novembro de 2003, na Câmara dos Deputados – e sancionada pelo presidente da República, instituindo uma Renda Básica de Cidadania

Cerimônia de sanção da Lei da Renda Básica de Cidadania
com o presidente Lula e a primeira-dama Marisa Letícia.

incondicional, que um dia se tornará universal. Em seu pronunciamento, o Presidente Lula afirmou:

> Estamos aqui para saudar a nova conquista do sonho libertário –
> e da esperança solidária – representada pela renda básica de ci-
> dadania, que o Estado brasileiro passa a incorporar a seu leque
> de políticas sociais a partir de 2005.

Neste dia, o professor Celso Furtado, um dos maiores economistas brasileiros, que se encontrava lecionando na Universidade de Sorbonne, em Paris, enviou a seguinte mensagem ao presidente Lula:

> Neste momento em que Vossa Excelência sanciona a Lei da Renda
> Básica de Cidadania, quero expressar-lhe minha convicção de
> que, com essa medida, nosso país coloca-se na vanguarda daqueles
> que lutam pela construção de uma sociedade mais solidária. Com
> frequência o Brasil foi referido como um dos últimos países a

abolir o trabalho escravo. Agora, com este ato que é fruto do civismo e da ampla visão social do Senador Eduardo Matarazzo Suplicy, o Brasil será referido como o primeiro que institui um sistema de solidariedade tão abrangente e, ademais, aprovado pelos representantes de seu povo.

O que é a Renda Básica de Cidadania?

A Renda Básica de Cidadania, Incondicional e Universal é o direito de toda e qualquer pessoa, não importa a sua origem, idade, raça, condição civil ou socioeconômica de participar da riqueza comum da nação através de uma renda monetária suficiente para atender suas necessidades vitais. A ninguém será negada. Será paga, conforme a Lei n. 10.835/2004, inclusive aos estrangeiros residentes no país há cinco anos ou mais. Será paga até para os de maior renda e riqueza, mas os que tem mais colaborarão para que eles próprios e todos os demais venham a receber. Daí elimina-se toda burocracia em se ter que saber quanto cada pessoa ganha, além de acabar com o estigma de ter que comprovar a pobreza. Uma vez instituída a Renda Básica, a pessoa poderá ter muito maior liberdade e aceitar ou não qualquer atividade que lhe surja que possa colocar sua vida e dignidade em risco.

Vida das mulheres é revolucionada no Quênia

A distribuição de uma Renda Básica Universal nas vilas rurais extremamente pobres, no Quênia, está revolucionando positivamente a vida das mulheres. Além de ter reduzido em mais de 50% a violência doméstica, a renda básica propiciou que as mulheres ganhassem autonomia, voz dentro da família e o direito de empreender novas atividades. Pude constatar pessoalmente essa transformação na visita que fiz ao Quênia, em janeiro de 2019. A Renda Básica de Cidadania é o direito de toda e qualquer pessoa no País, não importa sua origem, raça, sexo, idade, condição civil

Com Mônica Dallari em uma vila rural extremamente pobre no interior do Quênia.

ou socioeconômica de participar da riqueza comum da nação, através de uma renda suficiente para atender as suas necessidades vitais.

Ao lado da boa qualidade de educação para todas as pessoas, do bom atendimento de saúde na cidade e no campo, da moradia digna, da expansão do microcrédito, do estímulo às formas de economia solidária, a Renda Básica de Cidadania, Universal e Incondicional é o instrumento que mais efetivamente contribuirá para erradicar a pobreza absoluta, promover maior igualdade e prover liberdade real para todos. A experiência no Quênia começou quando quatro graduados das Universidades de Harvard e do *Massachusetts Institute of Technology* organizaram uma instituição denominada *GiveDirectly*, com o objetivo de promover experiências de erradicação da pobreza através da transferência direta de recursos.

O Projeto recebeu o Prêmio *Google Global Impact* de US$ 2,5 milhões, em dezembro de 2012 e, em agosto de 2015, mais 25 milhões da fundação *Good Ventures* e de empresas do Vale do Silício. Através de doações voluntárias, completaram o total de US$ 30 milhões de dólares para realizarem experiência pioneira nas vilas rurais pobres do Quênia. É um país de 50,6 milhões de habitantes, um dos mais pobres, com uma renda per capita de US$ 1.461 em 2014. As experiências estão ocorrendo em 124 vilas rurais extremamente pobres.

As transferências de recursos são feitas através de e podem ser movimentadas com os celulares. Por meio de um sistema criado pela empresa de telefonia Safaricon, em 2007, qualquer pessoa cadastrada pode fazer transações financeiras sem a necessidade de uma conta bancária. A plataforma é segura, rápida e barata e permite depósitos, transferências, poupanças e pagamentos feitos com o celular diretamente aos beneficiários, sem passar por intermediários, o que elimina possíveis fontes de corrupção. A moeda eletrônica através de um SIM, um cartão eletrônico, reduz custos de transação. Todos os beneficiários têm telefones celulares adquiridos a baixo custo. A agilidade e velocidade permitida pelo sistema digital de pagamento por SMS facilita o processo de compras na vila e a circulação de dinheiro, pois quase todas as lojas aceitam o pagamento pelo celular ou até fazem a troca do crédito por papel moeda.

Na visita de oito dias no Quênia, passei três dias em Nairobi, onde conheci o escritório da *GiveDirectly* e a equipe de 34 pessoas, que se comunica por telefone com os beneficiários nas vilas rurais. Nos cinco dias seguintes, visitei aldeias nas vilas rurais onde pude conversar com adultos de 18 anos ou mais, pais e mães, que recebem a Renda Básica de US$ 22 por mês. Ao serem perguntados se trabalharam mais ou menos, desde que passaram a recebê-la, responderam: "muito mais, adquirimos uma área adicional perto de casa onde plantamos verduras, frutas, legumes". Outro disse: "adquirimos material de pesca, pois moramos perto do lago, e passamos a pescar muito mais". Outro que recebeu o pagamento a vista, disse: "pude comprar uma motocicleta com a qual passei a transportar os mais diversos bens e também pessoas pelos mais diversos caminhos".

Renda Básica de 22 dólares beneficia a educação em vilas extremamente pobres.

E qual era a prioridade?

Sobretudo a educação de nossas crianças e adolescentes, para que possam ir bem na escola, terem os livros e materiais necessários. Quando chega o pagamento da Renda Básica, nos reunimos, marido e mulher, para decidir no que vamos gastar no mês, melhoria de móveis em casa, como sofás, camas, colchões, mesas e aparelhos elétricos, também mudar o telhado que era de palha, para telhado de madeira, inclusive algumas famílias instalaram equipamento de captação de energia solar.

Como foi o grau de solidariedade na vila? "Eis que em grupo de dez mulheres passamos a dar mensalmente, por revezamento, uma quantia maior a uma de nós do grupo para que pudesse adquirir algo que custasse mais. Ao final de dez meses cada uma havia se beneficiado". Estudo feito pela *Innovation Poverty Action*, IPA, mostrou que não houve qualquer aumento no uso de álcool, drogas e jogo.

O mais importante foi a redefinição dos papéis de gênero. Como as mulheres também recebem a Renda Básica de Cidadania, ouvimos seu testemunho de que passaram a ter muito maior liberdade na hora de decidirem como gastar o dinheiro com maior autonomia e passaram a ter maior participação no diálogo com os maridos. Pudemos observar que a RBC resultou em muito maior grau de solidariedade entre as esposas e os maridos, mesmo entre as viúvas e suas crianças.

De acordo com a Organização Mundial de Saúde, 42% das mulheres entre 20 e 44 anos registravam violência física ou sexual por

Com Mama Sarah Onyango Obama, avó do presidente Obama, em Kisumu.

Mulheres comemoram aumento de autonomia com a renda básica.

parte de seus companheiros. Pesquisa realizada pela Universidade de Princeton, em fevereiro de 2019, concluiu que no caso das mulheres que receberam as transferências de dinheiro, a proporção dos casos de violência doméstica diminuiu 51% e a incidência de violência sexual diminuiu 66%. Ao ouvirmos o Sr. Kennedy A.A., o senhor idoso escolhido como conselheiro de uma das vilas, a Renda Básica de Cidadania trouxe muito mais paz entre as famílias. Mais informações podem ser obtidas em http:www.givedirectly.org.

Experiências se espalham pelo planeta Terra

Minha viagem ao Quênia reforçou muito a minha convicção de como a Renda Básica de Cidadania, Universal e Incondicional constitui formidável solução de bom senso para atingirmos os objetivos fundamentais expressos em nossa Constituição, em seu artigo 3º:

I – Construir uma sociedade livre, justa e solidária;

II – Garantir o desenvolvimento nacional;

III – Erradicar a pobreza e a marginalização e reduzir as desigualdades sociais e regionais;

IV – Promover o bem de todos, sem preconceitos de origem, raça, sexo, cor, idade e quaisquer outras formas de discriminação.

Conheci pessoalmente experiências muito importantes, a começar pelo Alasca, onde estive em 1995. Também visitei experimentos pioneiras na Namíbia, em Macau, na Índia, no Quênia, e na Coréia do Sul. Acompanhei de perto experiências relevantes na Alemanha, Espanha, Holanda, Hong-Kong e Japão. Mais recentemente, no município de Maricá, Rio de Janeiro, um quarto da população, 42,5 mil habitantes, já está recebendo a Renda Básica de Cidadania. A universalização no município está prevista para beneficiar todos os seus habitantes até 2024. Isso tem me animado sobremodo a continuar esta jornada pela plena implantação o quanto antes da Renda Básica Universal no Brasil.

No Boletim de Notícias da *BIEN NewsLetter, Basic Income Earth Network*, podemos acompanhar o crescente interesse sobre o tema no mundo e as dezenas de novas experiências que ocorrem nos mais diversos países. A pandemia da Covid-19 alertou sobre a necessidade de garantir o direito à sobrevivência a todos os habitantes do Planeta Terra. Centro e trinta países, do México à Itália, do Brasil à Uganda, têm realizado programas de transferências de renda com condicionalidades relativas à educação e à saúde, como é o caso do Bolsa Família, que podem ser considerados caminhos para a universalidade. Sigo confiante que a Renda Básica de Cidadania, Universal e Incondicional, é a melhor forma de garantir o direito a uma vida digna e justa.

Com meus filhos André, João e Eduardo (o Supla).

CAPÍTULO XIII

MEUS QUERIDOS FILHOS, NETOS E QUERIDAS NETAS

Certamente, uma das maiores felicidades de minha vida é a convivência com meus três filhos, Eduardo, André e João; três netas, Laura, Maria Luiza e Isabela; e quatro netos, Teodoro, Bernardo, Felipe e Rafael. Minhas seis primeiras netas e netos nasceram durante o período em que fui senador. Isabela, em julho de 2021. É verdade que durante os 24 anos em que precisei estar pelo menos três ou quatro dias por semana em Brasília tive maior dificuldade de estar com eles. Mas, ao nos encontrarmos, sempre foi uma imensa alegria para mim. Mesmo fisicamente não conseguindo estar com eles, conversamos a todo instante, e eles sempre contaram com o meu apoio. Gostaria de ter tido uma filha, o que não aconteceu. Em compensação fico muito feliz de poder conviver com as minhas três netas maravilhosas, Laura, Maria Luiza e Isabela, que me dão muitas alegrias.

Casei-me com a Marta em dezembro de 1964. Eduardo, o Supla, nasceu em 2 de abril de 1966, em São Paulo. Com cinco meses de vida, fomos morar nos Estados Unidos. Eu havia passado no concurso para professor na Fundação Getúlio Vargas de São Paulo e fui cursar o mestrado em economia na Michigan State University, em East Lansing. O Edu era um menino de extraordinária energia. Quando estávamos em um restaurante, ele costumava percorrer as mesas e falava com todas as pessoas, ia até a cozinha e, com todos, brincava. Tornou-se ótimo atleta, jogava futebol, basquete, nadava. Aos 17 anos, como o pai aos 21, disputou o campeonato de estreantes de boxe da Gazeta Esportiva. Aprendeu bem inglês, tanto por essa primeira estada de dois anos, como na segunda temporada.

Quis prosseguir com o meu Ph.D. e, em agosto de 1970, voltamos para a Michigan State University e, depois, mais quinze meses na Universidade de Stanford, na Califórnia. Gostávamos muito de ouvir música, tanto brasileira, bossa nova, Maísa, João Gilberto, Tom Jobim, Caetano Veloso, Roberto Carlos, quanto internacional, como dos Beatles, Peter, Paul and Mary, Billy Holiday, David Bowie, Bob Marley, Elvis Presley. Não foi à toa que, de volta ao Brasil, Edu começou a tocar bateria num conjunto de latas de lixo, panelas e outros instrumentos improvisados até ganhar uma bateria.

Aos 13 anos, com seus vizinhos, montou a primeira banda, "Os Impossíveis", depois "Metrópole" e daí a "Tokyo". Ele havia terminado o primeiro ano de Economia na PUC/SP, mas estava infeliz. Foi então me consultar: "pai, estou sendo muito convidado para fazer shows. Será que eu posso parar o curso e só dedicar-me à música?" Lembrei-me então de quando estava trabalhando no Escritório Suplicy, de meu pai, e um dia perguntei a ele: "surgiu um concurso para ser professor de economia na Fundação Getúlio Vargas de São Paulo (FGV/SP). Se eu passar, vou poder fazer a pós-graduação e aprender muito do que quero saber para ajudar a resolver os problemas do Brasil". Ele ponderou: "veja bem o que você quer, pois ser professor não vai lhe proporcionar o padrão de vida que está acostumado. Mas, se for o que vai lhe deixar feliz, vou te apoiar". Da mesma maneira, disse que iria apoiá-lo na sua escolha. Ele prosseguiu, tendo sucesso crescente. Por um tempo, foi morar em Nova York, onde formou a banda "Psycho 69". Ao voltar ao Brasil, com o irmão João, formaram a dupla "Brothers of Brazil". Tiveram bastante sucesso, chegaram a ter um programa na Rede TV!, viajaram pelo Brasil e ao exterior. A certo momento, avaliaram que era melhor cada um seguir seu caminho, cada um com seu estilo musical. Em 2019, no aniversário de 10 anos dos "Brothers of Brazil", para

Com minhas netas Laura e Maria Luiza e os meus netos
Felipe, Bernardo, Teodoro e, no colo, Rafael.

minha felicidade e de seus fãs, resolveram realizar dois shows juntos, que lotaram o Sesc 24 de Maio, em São Paulo. O Edu, até hoje, prefere estar solteiro e não ter filhos.

André nasceu em 15 de dezembro de 1968, no intervalo da estada nos EUA. Também foi um menino cheio de energia e forte, muito esportista, bom jogador de futebol e rúgbi. Estudioso, se interessou por economia, mas acabou optando pelo Direito e se formou pela PUC/SP, em 1993. Certo dia, ele nos deu umenorme susto. Morávamos na rua Laerte Assumpção e, no início da noite, próximo ao Natal, ele, aos dez anos de idade, correndo pela rua, foi atropelado por um automóvel. Eu estava trabalhando na *Folha de S. Paulo*, onde escrevia artigos sobre política econômica, quando fui chamado. Corri para o Hospital Samaritano, onde ele foi operado e perdeu o baço e parte de um rim. Ficou 45 dias hospitalizado. Poucos dias depois da alta, disseram que possivelmente ele teria que ser operado novamente. Fui conversar com a D. Filhinha, senhora que tinha extraordinária sensibilidade para saber o que se passava com o ser humano e que tantas pessoas curou. Ela, que receitava apenas remédios homeopáticos, me disse que não precisava outra cirurgia, que ele ficaria bom se tomasse o que ela estava receitando. E assim aconteceu. André ficou ótimo e desde então teve muito boa saúde.

Formado em Direito, André se casou com Maria Fernanda Alves Palerossi, também estudante de Direito, pessoa de muitas qualidades, com quem teve dois meninos, Teodoro, nascido em 15 de fevereiro de 2002, e Bernardo, nascido em 10 de janeiro de 2006. Circunstâncias fizeram com que se separassem. Eis que então André se casou com a psicóloga tão especial, Juliana dos Santos Duarte, com a qual teve Rafael, este menino tão radiante e irrequieto, nascido em 30 de dezembro de 2013. Em 19 de julho de 2021, eles me deram a alegria de ter mais uma neta, a Isabela. Tão positivo será acompanhar o crescimento dela nesta fase da história em que as mulheres estão assumindo mais e mais funções de grande responsabilidade, dando exemplos em todas as áreas, inclusive nas Olimpíadas e nas Paraolimpíadas de Tóquio. André é um excelente advogado, especializado em Direito Empresarial, também pela PUC/SP, com 28 anos de experiência. Posteriormente, cursou Direito Econômico e Concorrencial na Fundação Getúlio Vargas de São Paulo. Trabalha há quatro anos no escritório Chiarottino e Nicoletti Advogados, sobrenome de dois advogados que tiveram forte aprendizado no conceituado escritório de Pinheiro Neto, Leandro Chiarottino e Hélio Nicoletti. Por sua atuação diversificada, considera-se uma espécie de clínico geral do Direito, com bastante experiência nas áreas de contencioso (cível, famíliar e tributário), contratos em geral, direitos autorais e de imagem, direito imobiliário e direito dos clubes.

João nasceu em 14 de junho de 1974, outro menino com muita energia e sensibilidade, que se interessou desde pequeno em acompanhar o gosto pela música que acontecia em casa com os ensaios que o Edu fazia com as suas bandas. Passou a ser uma espécie de mascote daqueles conjuntos musicais e foi dividindo o seu tempo entre os estudos na escola e a vontade de se desenvolver na música. Ao terminar o seu ensino médio, nos seus 17 anos, no Colégio Oswald de Andrade, após ter feito o fundamental no Vera Cruz, ele nos contou que estava com muita vontade de realizar um ano de estudo, sobretudo de violão, no Instituto de Música e Tecnologia, em Los Angeles, na Califórnia. Felizmente, pudemos lhe propiciar essa oportunidade que foi ótima para que ele desenvolvesse seu talento, pois aprendeu a tocar muito bem violão, além de também tocar piano e cantar muito bem. Seu estilo musical é eclético, vai da música popular brasileira até o *rock'n roll* de Elvis Presley. João desenvolveu um romance com a formidável Patrícia Scótolo, produtora de eventos, com quem teve a Laura, minha primeira neta, nascida em 11 de abril de 2003, menina de talentos tão especiais.

Aconteceu que, não tanto tempo depois, João reencontrou uma antiga namorada, a atriz, psicóloga e apresentadora tão cheia de vida Maria Paula Fidalgo, que morava no Rio de Janeiro, e veio apresentar uma peça em São Paulo. Casaram-se e tiveram a Maria Luiza, nascida em 18 de junho de 2004, e o Felipe, nascido em 25 de junho de 2008. Maria Paula, que morou grande parte de sua vida no Rio de Janeiro, hoje mora em Brasília, onde é Embaixadora da Paz da Rede Brasileira de Bancos de Leite Humano, escreve sobre saúde psicológica no Correio Braziliense e continua seu trabalho de atriz. Maria Luiza e Felipe com frequência visitam o pai em São Paulo e, para minha alegria, se hospedam na minha casa, onde moro com o João. Com a presença do João em casa durante o período da pandemia, em que realizou diversas exibições virtuais, as *lives*, obtendo sucesso com novas composições, tenho o prazer de conviver com a música. Ele também tem feito apresentações virtuais com o Supla. Em agosto de 2021, os "Brothers of Brazil" lançaram novas e belas canções. Presentemente, João está concluindo a preparação de um curso virtual que vai dar para ensinar as pessoas a tocarem violão e a cantarem.

Meus três filhos e meus quatro netos homens são torcedores do Santos F.C. Já as minhas netas, mais independentes, não. Laura é palmeirense e Maria Luiza não tem preferência. Acontece que meu pai, Paulo Cochrane Suplicy, em 1912, aos 16 anos, foi do primeiro time amador do Santos. Quando eu era menino, ele gostava de me levar para assistir aos jogos no campo. Tornei-me torcedor antes da era Pelé. Fiz o mesmo com meus filhos e netos. Adoro assistir aos jogos e vibrar pelo Santos junto com eles.

Sempre gostei de brincar de jogar bola. Também de nadar no mar, especialmente na praia de Picinguaba, em Ubatuba, onde tenho uma casa na vila de pescadores. Sozinho, ou quando estou com eles, costumo nadar da ponta da praia de Picinguaba até a praia seguinte, da Fazenda, distante cerca de 600 metros. Em seguida, corro e ando pelo menos quatro quilômetros. Quando eles eram menores, por vezes iam nas costas. Quando cresceram, também passaram a nadar.

Minhas netas e netos por vezes me perguntam de minhas atividades de professor, conferencista e político. Gosto de contar a eles como, desde jovem, me interessei pela busca da verdade, pela realização de justiça, de maior igualdade entre todas as pessoas, da minha convicção de que seria melhor vivermos num Brasil onde não houvesse tantas desigualdades. No aniversário do Teodoro, meu neto mais velho, dei a ele o livro da história de Galileu Galilei, que me transformou quando eu tinha 15 anos e me estimulou a levar meus estudos muito mais a sério. Passei de um aluno intermediário para o sexto da classe num colégio de excelentes alunos.

Laurinha morou um tempo comigo. Super dedicada aos estudos, completou o secundário no Colégio São Domingos, onde fez estudos sobre temas históricos superinteressantes. Como o pai, também toca piano muito bem. Participou de diversas peças de teatro e suas opiniões sobre a vida política do país são bastante progressistas. Laura está estudando Artes e Humanidades na Universidade de Lisboa. Fico impressionado com a amizade que desenvolveu com o primo Teodoro. Quando se encontram em casa, num restaurante ou onde for, são capazes de conversar por horas a fio, dando bastante risada, mas também sobre assuntos sérios.

Maria Luiza tem desenvolvido um talento especial que guarda relação com a carreira artística de Maria Paula. Recentemente, ficou superfeliz ao realizar um curso de cinema em Nova York. Tanto Laura quanto Maria Luiza me disseram que estão com vontade de fazer seus cursos superiores na área de artes cênicas. Creio que ambas têm ótimo talento para seguir este caminho e quero dar toda força.

Maria Luiza, Juliana, Rafael, André e eu com a minha netinha Isabela.

Em recentes manifestações em defesa da educação, dos direitos da pessoa humana, com a presença de milhares de jovens, fiquei contente de encontrar meus netos. Assim como encontrei com a Laurinha no Largo da Batata, encontrei com o Teodoro, acompanhado de muitos jovens de sua escola, o Colégio Santa Cruz, em plena Avenida Paulista. Foi uma satisfação enorme para mim.

Bernardo gosta muito de futebol, joga muito bem e cresceu bastante. Por ocasião do show de dez anos do "Brothers of Brazil", decidimos nos medir de costas. E não é que, aos 13 anos, ele ultrapassou em pelo menos dez centímetros os meus 1,83m? Felipe é outro apaixonado por futebol, acompanha os jogos dos campeonatos no Brasil e no exterior. Recentemente fomos juntos ao Pacaembu, com seu pai João, torcer para o Santos. Ele sempre está muito bem informado sobre os campeonatos e a situação do time. Rafael é um azougue, sempre se movimentando muito, obtendo a atenção dos adultos ao seu redor. Uma graça! Por vezes, ao me encontrar, gosta de jogar braço de ferro.

Tenho com meus netos e netas maior proximidade e convivência do que tive com meus avós. Sei o quão importante é o legado que vou deixar para eles na minha jornada como homem público, na defesa de um mundo mais justo, assim como foi importante o legado que recebi de meus pais. A exemplo deles, tenho o hábito de almoçar todos os domingos com meus filhos e netos, reservando o tempo necessário para o bem-estar e a união da família.

Felizmente, por onde ando, nos mais diversos lugares de São Paulo e do Brasil, as pessoas me tratam com muito carinho e respeito, pronunciam palavras positivas sobre o meu trabalho como representante do povo, o que faz me sentir muito bem. Procuro contribuir para que meus netos vivam num Brasil cada vez melhor. Que compreendam os esforços que fiz e faço contra a desigualdade social, pela maior igualdade de direitos, por uma sociedade mais fraterna, justa, e solidária, sempre em nome da Paz.

Eu e a Marta com os nossos filhos André, Supla e João.

MEMÓRIAS

"Audição de Piano de Alunos da Prof. Marilena Guimarães"

Dia 16 de Dezembro (Sábado) 2006 às 17 horas
Avenida Europa, 218 - Jardim Europa

AULAS DE PIANO

Em 2006, quando me mudei para a rua Manduri, a Mônica sugeriu que, como meus filhos Eduardo, o Supla, e o João eram músicos, e o André e o netos gostavam muito de música, eu tivesse um piano na nova casa. A Valéria Beneton, minha secretária, um dia me chamou a atenção para uma faixa na rua Groenlândia: "ensina-se música para todas as idades". Animado em aprender, resolvi telefonar para a professora Marilena Narcisa Guimarães Vianna.

– A senhora ensina piano para todas as pessoas, até para quem já tem 65 anos?

– Sim, mas quem está falando?

– É o senador Eduardo Suplicy.

– Mas isso é trote!

– Não, sou eu mesmo, estou falando sério! Gostaria de aprender.

E, então, comecei a ter aulas de piano, em seu apartamento, uma hora por semana. Foi algo que me fez muito bem. Comprei o piano, no qual ensaiava. Aprendi a tocar algumas músicas clássicas, como o Prelúdio opus 28, nº 20, de Chopin; o tema da 3ª Sinfonia, de Joseph Brahms; o tema do Concerto nº 2, de Rachmaninoff; além de diversas canções populares brasileiras e internacionais, que passei a tocar e a cantar, como *Eu sei que vou te amar*, de Tom Jobim e Vinicius de

Moraes; e *Blowin' in the Wind*, de Bob Dylan. Ao final do ano, Marilena organizava um concerto de seus alunos no auditório do Museu da Escultura, do qual eu participei diversas vezes até 2018. Mas, com o ritmo de compromissos cada vez mais intensos, infelizmente precisei parar as minhas aulas de piano. Elas me fizeram muito bem. Agradeço muito a atenção e o carinho de minha querida professora Marilena Guimarães, falecida, infelizmente, em 2020. Sou eternamente grato a ela, que tanto me fez apreciar a música.

Em concerto de final de ano com a professora Marilena Guimarães.

ASSALTOS

Mesmo sendo uma pessoa conhecida, não deixei de ser vítima de furtos. Um deles foi em dezembro de 2003, enquanto caminhava pela avenida República do Líbano, próximo à entrada do Parque Ibirapuera. Um rapaz passou correndo e levou meu celular. Corri atrás por três quarteirões e consegui alcançá-lo. Comecei então a conversar com ele. Propus que devolvesse o aparelho e, em troca, não registraria a ocorrência. Guardas municipais, que chegaram logo depois, foram contra a minha ideia, mas conversando os convenci. O rapaz estava desempregado, passando por dificuldades. Aproveitei e dei o meu livro sobre o programa renda básica e disse a ele que logo essa situação iria mudar.

Também fui roubado na Virada Cultural de São Paulo, em maio de 2013. O furto ocorreu logo após eu desembarcar de táxi na região da Estação Júlio Prestes, no centro da cidade, vindo do aeroporto. Fui assistir aos shows de Daniela Mercury, Gal Costa e Racionais MC's. Deixei a bagagem em um bar na região e segui para a plateia, próxima ao palco, onde Daniela Mercury estava se apresentando. Eu levava comigo o celular, a carteira com documentos e R$400,00, que saquei no aeroporto. No trajeto até a plateia, fui sendo cumprimentado por diversas pessoas, quando provavelmente ocorreu o furto, sem que eu percebesse.

Como ainda estava no palco, Daniela Mercury quando soube abriu espaço para mim. Peguei o microfone e pedi encarecidamente a devolução dos meus pertences. "Pode até ficar com o dinheiro, mas queria meus

Em show de Daniela Mercury anuncio o furto da minha carteira.

documentos de volta". Quinze minutos depois, os documentos foram recuperados, mas esperadamente o dinheiro não. Ainda tentei recuperar o celular. Anunciei que iria cantar uma música para que o ladrão se inspirasse e devolvesse o aparelho. Em seguida, interpretei *Blowin' in the Wind*, de Bob Dylan, mas infelizmente não o convenci.

CALÇA RASGADA

Em 20 de maio de 1998, houve uma manifestação organizada pelas centrais sindicais contra o desemprego em frente ao Congresso Nacional. Um pouco antes do ato, para que fosse tranquilo, os dirigentes da Central Única dos Trabalhadores e outras entidades que estavam em um caminhão pediram calma aos manifestantes. Alguns, mais exaltados e próximos ao Senado, não escutavam os pedidos, devido à distância até o caminhão de som. Tentei chegar ao veículo para avisar que as pessoas não ouviam.

No meio do caminho encontrei uma pessoa com grave ferimento no olho, agredida por um policial. De imediato, decidi levá-la para o serviço médico do Senado. No caminho, encontrei outro manifestante machucado e o chamei para irmos juntos. Apareceram, então, policiais militares impedindo nossa passagem.

Irritado, imediatamente me apresentei como senador e disse que estava levando as duas pessoas para serem atendidas. Outros policiais ainda ordenaram: "não deixem passar". Como se um senador não pudesse ir ao seu local de trabalho. Logicamente que não aceitei a ordem absurda. O policial ignorou a minha palavra e atiçou o cachorro sobre mim, que tentou morder a minha perna. Felizmente, apenas a minha calça rasgou, sem me ferir.

Pois eis que alguns dias depois o presidente do Senado, Antônio Carlos Magalhães, providenciou que eu recebesse um bonito corte de tecido para um novo terno. Agradeci a sua atenção e mandei para o alfaiate. Vinte e oito anos depois, encontrei, em um hotel de Piedade (SP), um casal de empresários amigos de ACM, que contaram a continuação dessa história. ACM, muito vaidoso, só fazia compras na luxuosa butique Daslu, em São Paulo, templo dos milionários de todo o país. Sofisticado, adquiria cortes de tecidos para seus ternos da marca italiana Ermenegildo Zegna. De tempos em tempos, a grife enviava ao Brasil um alfaiate para produzir os ternos sob medida. Os preços eram exorbitantes.

Depois do incidente com os cachorros, o presidente do Senado solicitou ao seu ajudante de ordens que providenciasse um corte de tecidos para mim. O ajudante provavelmente avaliou que um senador que participava de manifestações no meio do povo e dos trabalhadores não tinha necessidade de um pano tão sofisticado. Por conta própria, comprou um mais barato, mas de boa qualidade. Depois de dado o presente, quando ACM soube da economia feita pelo seu funcionário, ficou uma fera! Apesar de divergirmos politicamente, sempre tivemos uma relação absolutamente respeitosa. Da minha parte, fica o registro de que o terno ficou muito bonito, mesmo com um tecido sem grife!

Tecido que ganhei do presidente do Senado, Antônio Carlos Magalhães.

CARAVANAS DA CIDADANIA
(1993-1996)

Entre 1993 e 1996, o Instituto Cidadania organizou as Caravanas da Cidadania, uma experiência praticamente inédita na tradição política brasileira. Uma equipe de lideranças políticas e sindicais, técnicos e especialistas acompanhou o então pré-candidato a presidente pelo PT, Luiz Inácio Lula da Silva, em cinco caravanas que percorreram um total de 359 cidades de 26 estados, com o objetivo de aprofundar o conhecimento sobre a realidade brasileira, ouvindo comunidades esquecidas, difundindo experiências positivas e articulando propostas viáveis de desenvolvimento para essas áreas. Foi um grande aprendizado de Brasil, fundamental para a experiência do futuro presidente, eleito em 2002.

A primeira Caravana partiu de Garanhuns/Caetés (PE), terra natal de Lula, e terminou em Vicente de Carvalho, distrito pobre de Guarujá (SP), para onde sua família migrou em 1952, quando ele tinha de seis para sete anos (nasceu em 27 de outubro de 1945). Durou vinte dias, de 23 de abril a 12 de maio de 1993. Percorreu 4.500 quilômetros, visitou quase sessenta cidades em sete estados, sobretudo lugares pouco vistos, pouco falados, distantes dos noticiários e da ação do Estado.

Em virtude de ter ocorrido em períodos de trabalho do Senado, participei de diversos trechos das Caravanas, inclusive da primeira, ao lado de pessoas como o Professor Aziz Ab'Saber, o grande geógrafo

Em Águas Belas (PE), camponeses se alimentam de palmas,
usadas para alimentar o gado na estiagem.

que nos ensinava tanto sobre as características de cada região pela qual
passávamos; o jornalista e assessor de Lula, Ricardo Kotscho, que tão
bem registrou o que se passava; o senador José Paulo Bisol (PSB-RJ),
candidato a vice-presidente de Lula em 1989; José Ferreira da Silva, o
Frei Chico, irmão de Lula; a ex-deputada Clara Ant; além de outros
convidados, no total de vinte, que iam num primeiro ônibus, acompanhados por uma equipe de apoio, que seguia em um segundo ônibus.

Em cada lugar que parávamos, em cada cidade ou assentamento,
havia um acolhimento muito especial e amistoso para com o Lula,
disposto a conhecer em profundidade as necessidades e aspirações do
povo brasileiro. Quando se formava uma roda de conversa ou até um
grande público, quase como se fosse um comício, Lula mais perguntava

às pessoas sobre as suas vidas, os seus problemas e os seus objetivos do que falava. Foi um aprendizado simplesmente extraordinário e inovador.

Também participei de um trecho da Terceira Caravana da Cidadania, de 25 de janeiro a 5 de fevereiro de 2004, denominada Caravana das Águas, que visitou 26 vilas e cidades nos estados do Amazonas, Acre e Pará, além do Projeto Jari. Navegamos pelos rios Amazonas e Negro. Tive a oportunidade de acompanhar Lula de Manaus até Santarém e sentir as dificuldades enfrentadas pelas populações ribeirinhas.

Concluiu Lula:

> O conhecimento íntimo de uma realidade, até hoje ignorada pela elite brasileira, reforçou em nós a certeza de que o futuro poderá ser radicalmente mais generoso com esta terra e sua gente se tivermos agora a coragem de implantar um projeto nacional capaz de contemplar as questões regionais, como já vimos nas caravanas anteriores. As soluções para a Amazônia estão na própria região: esta é a principal conclusão a que chegaram quase cem homens e mulheres, dirigentes políticos e partidários, religiosos, líderes sindicais e empresariais, cientistas e estudiosos da região, que tiveram a ventura de participar desta caravana nos seus diferentes trechos [...].

RENDA BÁSICA DE CIDADANIA NA CRACOLÂNDIA

Certo dia fui fazer uma palestra na Escola de Sociologia e Política sobre a Renda Básica de Cidadania, convidado por Asdrubal Serrano, depois de conhecê-lo em uma aula na Universidade Mackenzie. Criado na Fundação do Bem-Estar do Menor (Febem) desde os dois anos de idade, Asdrubal teve a infância e a adolescência muito sofridas e solitárias, sem afeto ou amor, afastado dos irmãos e da mãe, submetido a todo o tipo de violência, como tortura no pau de arara ou choques elétricos. Nascido Augusto, na Febem se tornou Asdrubal. Por ter sido considerado uma criança afeminada, foi estigmatizado e levado para solitária onde era estuprado durante a noite. Ao deixar a instituição, foi estudar e se apaixonou pelo Teatro do Oprimido, tendo participado inclusive de curso com Augusto Boal. Percebi que a técnica do Teatro Popular é um ótimo meio para conscientizar as pessoas sobre seus direitos.

De nossa boa amizade surgiu a ideia de criar uma peça sobre a importância de uma Renda Básica de Cidadania para que os dependentes de drogas deixassem o vício. Foi então que escreveu a "RBC na Cracolândia", encenada no próprio local, em 2007. Considerei o resultado tão bom que o convidei para apresentar a peça para os meus alunos na Fundação Getúlio Vargas de São Paulo no seminário "Os Instrumentos de Política Econômica para a Construção de uma Sociedade Civilizada e Justa". Cinco estudantes se dispuseram a encenar na aula e foi um sucesso. Tratava-se de uma peça de cena única de cinco

Com Marjorie Serrano, durante a apresentação da peça "RBC na Cracolândia".

minutos e muito didática. Ao final da peça, os viciados em crack resolvem enfrentar a luta contra o vício.

De 2009 a 2013, fizemos palestras ilustradas pela peça na Câmara Municipal de Caconde, na Escola de Sociologia e Política, na Faculdade Euclides da Cunha (São José do Rio Pardo), na PUC de São Paulo, em Santo Antônio do Pinhal, Guarulhos, Batatais, Brodowski, Divinolândia, entre várias outras cidades. Resolvemos, um dia, fazer a apresentação na Cracolândia, mas coincidiu que nesse dia Caco Barcelos estava lá com a sua equipe do Globo repórter e, então, os frequentadores da Cracolândia não participavam, receosos de aparecer diante das câmeras de TV.

Em 2013, Asdrubal, um dia, acordou com um sangramento diferente. Depois de muita pesquisa, o Hospital das Clínicas de São Paulo deu o diagnóstico: ele era intersexo, hermafrodita. Além dos órgãos femininos, útero e ovário, também possuía o órgão reprodutor

Em visita ao fluxo da Cracolândia.

Praça Princesa Isabel, na Cracolândia, no centro de São Paulo.

masculino, que o permitiu ter dois filhos. Começou então a transição de Asdrubal para Marjorie. Finalmente, ela pode assumir o que sentiu desde muito menina, que era uma mulher.

Recentemente, junto com o Flávio Falcone, médico psiquiatra que se transforma em palhaço para interagir com os frequentadores da Cracolândia, a vereadora Thainara Faria (PT), de Araraquara, minha assessora, Ana Rafaella Flores, e eu próprio representamos a peça como atrizes e atores, sob a direção de Marjorie Serrano. Encenamos na Praça Princesa Isabel, vizinha à rua Helvétia, e próxima da Alameda

Exibição ao ar livre do documentário *Sabotage: Maestro do Canão*, do diretor Ivan 13P, na Cracolândia, com a Mônica Dallari.

Dino Bueno, onde acontece o fluxo dos dependentes. A peça agradou bastante aos presentes.

Outra iniciativa cultural muito importante em que atuei na região da Cracolândia foi a sessão do Cinema Brasileiro na Luz, com o filme *Sabotage: maestro do Canão*, uma sessão ao ar livre na Rua Dino Bueno no dia 2 de julho de 2015, quando era Secretário Municipal de Direitos Humanos e Cidadania. Lembro-me que havia muita tensão entre os servidores da Prefeitura sobre como seria uma sessão de cinema ali no fluxo, e tudo que poderia dar errado. No entanto, sempre estive muito confiante de que a iniciativa seria um sucesso, além de entender que era uma atividade que confluía com o resgate da cidadania que o programa "De Braços Abertos" promovia. A sessão foi um evento muito significativo, com a presença de usuários que vivem no fluxo e de moradores do entorno, que puderam se identificar e se emocionar com a história do rapper Sabotage.

Baseada na filosofia da gradual redução de danos, o programa "De Braços Abertos", iniciado pelo prefeito Fernando Haddad (PT-SP), em que pese ter atingido diversos resultados positivos, do qual sou testemunha, foi substituído nas administrações seguintes pelo projeto "Redenção", que até agora não conseguiu formular uma boa proposta para auxiliar a população dependente de drogas, como o crack. Desejo toda sorte à Marjorie Serrano e ao Teatro do Oprimido, de Augusto Boal!

ANIVERSÁRIOS

Estou em um momento muito feliz na minha vida e ao completar 75 anos quero comemorar o meu aniversário com vocês. Após diálogo com o Prefeito Fernando Haddad e com o PT, resolvi ser candidato a vereador em São Paulo. Gostaria de conversar com todos a respeito. No próximo sábado, dia 18, a partir das 13h, estarei no Bar Cachaçaria do Rancho, na Praça Dom José Gaspar, 86, bem atrás da Biblioteca Mário de Andrade, para receber um abraço. Meu aniversário é 21 de junho, mas fica mais fácil receber os amigos no sábado. O bar é ao ar livre e o consumo fica por conta de cada um. Será um prazer podermos estar juntos. O abraço amigo, Eduardo Matarazzo Suplicy.

👍 Curtir   💬 Comentar   ↱ Compartilhar

👍😮💜 57 mil   Principais comentários ▾

5.521 compartilhamentos

Desde 2016, por sugestão da Mônica, comemoro os meus aniversários em praça pública, assim posso receber beijos e abraços de todos os meus amigos e amigas. Em 2016, 2017 e 2018 a festa foi na Praça Dom José Gaspar, no centro de SP. Em 2019, aconteceu na Ocupação Nove de Julho. Em 2020, a pandemia impossibilitou qualquer comemoração. Em 2021, quando completei 80 anos, em 21 de junho, ainda não era momento de celebrar. Felizmente em dezembro consegui saudar a vida do jeito que eu gosto, rodeado de pessoas queridas. Só tenho a agradecer!

CARROS OFICIAIS

Em 1979, quando assumi minha primeira função de representante do povo na Assembleia Legislativa de São Paulo, havia um carro oficial disponível, com motorista para cada um de nós, deputados estaduais. Como tínhamos que fazer muitas viagens pelo interior, nesse período, eu utilizei o carro oficial. Quando eleito deputado federal, em Brasília,

Chegando no Senado Federal com o meu próprio carro, um Fiat Uno Sporting.

Por muitos anos tive um Kadett, que eu mesmo dirigia.

no período de 1983 a 1986, não tínhamos carro oficial nem motorista, somente os líderes partidários tinham esse benefício.

Em 1985, fui escolhido candidato a prefeito de São Paulo pelo Partido dos Trabalhadores. Contratei como meu motorista o José Damião da Silva, que passou a dirigir meu carro particular em São Paulo e em viagens pelo interior. Estamos trabalhando juntos até hoje. Em 1988, eleito vereador e escolhido presidente da Câmara Municipal de São Paulo, eu abri mão de usar o carro oficial e o motorista disponibilizado pela Câmara Municipal de São Paulo.

Ao chegar ao Senado, a partir de janeiro de 1991, até o último dia de meus 24 anos de dedicação, 31 de janeiro de 2015, eu abri mão de utilizar o carro oficial e o motorista a que tinha direito como senador. Em Brasília, sempre guiei o meu próprio carro. Sempre que precisava, um funcionário de meu gabinete ia me buscar e levar ao aeroporto.

CARTÃO VERMELHO A SARNEY

O ato de dar um cartão vermelho ao presidente do Senado José Sarney (PMDB-AP) provocou muita repercussão no meu terceiro mandato. Era 24 de agosto de 2009, os trabalhos do legislativo estavam paralisados desde o início do semestre. Onze representações contra Sarney haviam sido apresentadas ao Conselho de Ética e Decoro Parlamentar. As discussões no plenário se caracterizaram por ofensas pessoais que pouco contribuíam para o esclarecimento das denúncias. Pior, os debates e votações de grande relevância estavam postergados. Com o apoio de significativo grupo de senadores, sugeri diversas vezes ao senador Sarney que se licenciasse do cargo de presidente do Senado para exercer o seu direito de defesa, dirimir as dúvidas e apresentar as explicações necessárias. Seria uma demonstração de isenção.

Entretanto, sem o comparecimento de Sarney, o Conselho de Ética decidiu engavetar os onze pedidos de investigação. Uma semana depois, pedi o seu afastamento da presidência do Senado apresentando um cartão vermelho, mostrado pelo árbitro em partidas de futebol depois de fazer advertências, para que ficasse claro o meu protesto contra o comportamento de Sarney. O meu objetivo era que as pessoas entendessem a gravidade do momento. Todo o povo brasileiro sabe o que significa um cartão vermelho dado por um árbitro.

A atitude não foi bem recebida pela direção do PT. Ao receber uma carta do partido com a orientação para que os parlamentares petistas

Não há brasileiro que não entenda o significado de um cartão vermelho.

votassem pelo encerramento das representações, eu havia informado que o líder do PT no Senado, Aloísio Mercadante, havia liberado que cada parlamentar votasse de acordo com a própria consciência. Foi o que eu fiz.

Decidi então promover uma consulta em meu site do Senado (naquela época o Facebook ainda engatinhava no Brasil). "Você concorda com o pedido de renúncia do senador Sarney da presidência do Senado feito pelo senador Suplicy?". Em sete dias, 3.175 pessoas responderam: 90,32% apoiando o meu ato, e 9,68% contrários. Dentre as pessoas que responderam, 554 se declararam filiadas ao PT, 17,45% do total, o que indicava uma proporção representativa de petistas que consultavam a minha página do Senado. Dos filiados, 79% responderam sim, que concordavam com o meu pedido de renúncia, e 21% não, discordavam da atitude, dando uma clara demonstração de apoio ao meu gesto. Os dez dias seguintes à minha manifestação foram de intensos cumprimentos por onde eu andei. Quero assinalar que, mesmo divergindo, sempre mantive uma relação de respeito com o senador José Sarney.

ATENÇÃO ÀS DOENÇAS RARAS

Fiquei muito tocado quando tomei conhecimento das dificuldades enfrentadas pelos pacientes com doenças raras e seus familiares. Tive contato com o problema quando fui procurado pelas coordenadoras do Instituto Baresi, Adriana de Abreu Magalhães Dias e Marcelo Higa, e o presidente da Associação Maria Vitória, Rogério Lima Barbosa, para que eu os ajudasse na criação de um fundo de pesquisa de doenças raras. Senti a necessidade de promover a discussão de políticas públicas e auxiliar na conscientização social necessária para se buscar solução para o problema.

As pessoas com doenças raras enfrentam gigantescas dificuldades sociais, cujas barreiras são muitas vezes intransponíveis, pela falta de conhecimentos sobre essas doenças e de protocolos de atendimento específico. O preconceito contra os sintomas físicos pouco comuns dessas patologias é frequente, assim como a visão assistencialista, que considera esses indivíduos um peso para a sociedade e não uma parte integrante dela.

A doença rara é uma patologia que ocorre com baixíssima incidência. Segundo a Organização Mundial da Saúde, 65 a cada 100 mil pessoas têm alguma doença rara, treze milhões de brasileiros. Como não há interesse econômico, são pouco pesquisadas. Os laboratórios priorizam pesquisas sobre doenças comuns, tendo em conta que os remédios e tratamentos atingirão grande número de pessoas. Daí a necessidade de um fundo especial reservado para a busca de tratamento desses casos. Apresentei três projetos de lei sobre o tema.

O primeiro, em abril de 2011, instituía o 29 de fevereiro, data apenas em anos bissextos, como o Dia Nacional de Doenças Raras. O segundo projeto criava a Política Nacional de Proteção aos Direitos da Pessoa com Doença Rara. O terceiro, de agosto de 2011, criava o Fundo Nacional de Pesquisa para Doenças Raras e Negligenciadas.

O assunto foi bastante debatido, sobretudo no seminário realizado no Dia Mundial das Doenças Raras, com participação muito efetiva dos então deputados Romário (PL-RJ), que tem uma filha com síndrome de Down, e Mara Gabrilli (PSDB-SP), que sofreu um acidente de carro em 1994 que a deixou tetraplégica, e da Associação Maria Vitória. A professora e cuidadora de crianças com deficiências, Nana Machado, também me estimulou a tratar do tema. Cabe ressaltar que em 2012, o então ministro da Saúde no governo de Dilma Rousseff, Alexandre Padilha, anunciou a criação da Rede de Pesquisa em Doenças Negligenciadas, com financiamento de R$ 20 milhões.

Em 2 de outubro de 2019, o presidente Jair Bolsonaro vetou integralmente o projeto que reservava pelo menos 30% dos recursos do Programa de Fomento à Pesquisa da Saúde para o desenvolvimento de medicamentos, vacinas e terapias para doenças raras ou negligenciadas pela indústria farmacêutica. Todavia, felizmente, em 27 de novembro de 2019, em decisão de bom senso, o Congresso Nacional derrubou o veto presidencial.

UMA NOITE NO
ACAMPAMENTO DO MST

Em 7 de fevereiro de 1997, visitei Sandovalina, no Pontal do Paranapanema, após violento conflito na Fazenda São Domingos, em que oito sem-terra foram feridos à bala por seguranças e pelo filho do fazendeiro Manoel Domingos Neto, depois de tentativa de ocupação da área por 2.500 trabalhadores rurais. Os graves conflitos de terra entre trabalhadores, grileiros e fazendeiros na região vinham se agravando com o aumento da violência e o renascimento da União Democrática Ruralistas, que treinava milícias armadas para enfrentar o MST.

Pensando em melhor conhecer a situação dos trabalhadores rurais sem-terra, seus procedimentos, seu cotidiano, e para melhor dialogar com eles, aceitei o convite de lideranças do movimento para pernoitar em um acampamento na região do Pontal do Paranapanema, marcada por forte conflitos pela disputa de terra. Havia uma tentativa de reabrir o diálogo entre os fazendeiros e os sem-terra.

Dormi no acampamento do MST em Euclides da Cunha Paulista. Os trabalhadores estavam acampados em uma estrada de ferro, na divisa de três fazendas ocupadas por 600 famílias em janeiro daquele ano. O barraco de lona preta media oito metros quadrados. Foi cedido por um acampado que integraria a equipe de segurança naquela madrugada. Colocaram um colchonete sobre uma plataforma de madeira, e eu dormi ali. Por segurança, um dos líderes do acampamento, Paulo

Gomes, ficou hospedado no mesmo barraco que eu, estrategicamente colocado no meio dos outros 600.

Fui tratado com muito carinho e respeito pelos trabalhadores rurais, foi uma grande experiência de vida. As pessoas acharam graça de eu ter usado um pijama azul, que virou de estimação, e ter levado um travesseiro, pois eu costumo dormir com dois. O lampião foi apagado à 1h da manhã. Nos levantamos às 6h50, acordados por sons de pássaros e de grilos. Constatei que havia menos insetos do que costumava ter na minha casa em São Paulo ou no meu apartamento em Brasília.

MEDALHA

Em 2015, tive a honra de receber do embaixador da Bélgica no Brasil, Jozef Smets, e do Cônsul Geral, Charles Delogne, a mais alta comenda do governo belga, a medalha de *Commandeur de l'ordre de la Couronne*. A cerimônia ocorreu na Fundação Getúlio Vargas de São Paulo, escola onde estudei e dei aulas por quase cinquenta anos. A homenagem muito me emocionou.

FIM DE SEMANA NA FAVELA

Acompanho a história de Heliópolis, considerada a segunda maior favela da América Latina e a maior de São Paulo, com cerca de 200 mil habitantes, desde a década de 1970. A ocupação da área se iniciou com a retirada de 153 famílias das favelas Vila Prudente e Vergueiro, na região central de São Paulo, para a realização de grandes obras viárias. Os primeiros moradores, colocados provisoriamente em alojamentos, que logo se tornaram definitivos, acabaram por atrair famílias de migrantes nordestinos, tanto trabalhadores da construção do Hospital Heliópolis como metalúrgicas da região do ABC. Como a maioria das famílias vinha do município de Heliópolis, na Bahia, a área ganhou esse nome. Foi quando comecei a interagir com os movimentos sociais na área.

Nessa época, 1978, foi criada a União de Núcleos, Associações dos Moradores de Heliópolis e Região (UNAS), que assumiu papel imprescindível na organização e permanência das famílias na área de um milhão de metros quadrados. Havia muita disputa com grileiros, que tentavam impedir as ocupações para comercializar ilegalmente os terrenos, além de confrontos com a polícia. A mobilização dos moradores, com o apoio de lideranças que surgiram no movimento, foi imprescindível para a melhoria da infraestrutura local. Ao longo do tempo, os barracos deram origem às construções de alvenaria. A realidade de Heliópolis se modificou ao longo dos anos, mas o crescimento populacional trouxe novos problemas, como a vulnerabilidade social que atinge muitas famílias, na sua maioria composta por mães chefes de família.

Chegando na rua da Mina, em Heliópolis, para o final de semana.

Em dezembro de 2000, quando fui convidado para participar do espetáculo *A Queda para o Alto* pelo diretor Miguel Rocha, do Grupo de Teatro Jovem de Heliópolis, tocou-me a notícia de que os trinta atores eram da comunidade. Acabei me tornando muito amigo do grupo ao participar de todas as apresentações da peça.

Certo dia, tomando um café na casa de José Geraldo de Paula Pinto e Solanje Agda, mãe adotiva de Priscila e Gisele, atrizes do Grupo de Teatro Jovem, mencionei que gostaria de passar uns dias em Heliópolis para conhecer mais de perto a vida local. Solange então me surpreendeu. "Eu estou grávida de oito meses e o médico recomendou que não suba escada. Eu e o Geraldo estamos dormindo embaixo, na sala. Se quiser, pode ficar no nosso quarto por uns dias". Aceitei de imediato e me hospedei de sexta à segunda. De manhã cedo ia comprar pão na padaria para tomar café com a família. Tal foi a minha interação, que me tornei ainda mais amigo da comunidade. Anualmente, gosto muito de participar da corrida de 6 km promovida dentro de Heliópolis. Nunca ganhei, mas me sinto sempre muito acolhido pelos moradores.

PAREDES DE VIDRO

O meu jeito de ser senador sempre foi consistente com a norma que determinei para minha vida, para o meu mandato e para as minhas atividades: transparência total. Tudo o que fiz e faço como homem público deve ser de conhecimento das pessoas a quem tenho a honra

Recebendo a visita de lideranças indígenas.

A transparência é a melhor maneira de evitar problemas.

de representar. Em 1999, no início do meu segundo mandato de senador, solicitei uma pequena reforma em meu gabinete. Pedi que fosse derrubada a parede divisória que separava a minha sala do restante do espaço e que fosse instalada uma parede de vidro transparente, de modo que toda a pessoa que chegasse ao meu gabinete pudesse ver o que eu estava fazendo e com quem eu estava conversando. Considero a transparência um dos princípios imprescindíveis nos atos das pessoas com responsabilidade pública.

WOODROW WILSON CENTER

Durante o recesso de verão, em janeiro e fevereiro de 2005, fui convidado pelo *Woodrow Wilson International Center for Scholars*, em Washington D.C., nos Estados Unidos, para ali realizar estudos no instituto que havia sido criado por sugestão do senador Daniel Patrick Moynihan, autor da proposta do *Family Assistance Plan*, que asseguraria uma renda mínima a todas as famílias americanas, um imposto de renda negativo. Cada família cuja renda não tivesse alcançado US$3.900 por ano estaria credenciada ao imposto de renda negativo equivalente a 50% da diferença entre essa quantia e a renda familiar.

Fiquei entusiasmado ao chegar no meu local de estudos, um gabinete num edifício localizado na praça Daniel Patrick Moynihan. Além de ter sido o idealizador do centro, Moynihan trabalhou nos gabinetes dos presidentes John Kennedy, Lyndon Johnson, Richard Nixon e Gerald Ford. Serviu como embaixador na Índia e na ONU até se eleger senador democrata. No início da década de 1990, quando um dia visitei o Senado norte-americano, o senador Daniel Patrick Moynihan honrosamente me convidou para entrar no plenário e anunciou que eu era o senador que havia apresentado projeto para garantir aos brasileiros uma renda mínima, proposta que também defendia.

O *Woodrow Wilson International Center for Scholars* foi criado pelo Congresso dos Estados Unidos em 1968 em homenagem ao 28° presidente dos EUA. Assim como há monumentos em memória de cada um dos presidentes americanos – como George Washington, Thomas Jefferson, Abraham Lincoln, John F. Kennedy, no caso de Woodrow Wilson, por iniciativa do senador Daniel Patrick Moynihan, resolveu-se criar um centro permanente de pesquisas avançadas.

Desde 1978, quando fui eleito deputado estadual, eu me dedico com muito afinco à atividade parlamentar, que costuma ser tão intensa que fica difícil arrumar tempo para estudar com mais profundidade aqueles assuntos que considero fundamentais. O centro convida um número significativo de pesquisadores com experiência em diversas áreas para conviver e trocar ideias, e lhes facilita o acesso a todas as fontes de pesquisa, como a biblioteca não apenas do próprio instituto, mas também a excepcional biblioteca do Congresso Nacional.

Fui convidado pelo *Woodrow Wilson International Center for Scholars* de Washington para realizar estudos na área de meu maior interesse, a renda básica de cidadania. O período de estudos no *Woodrow Wilson Center* foi de importante aprendizado para mim. O convite para mim foi feito pelo diretor brasileiro do centro, Luiz Bitencourt. Ele dinamizou as relações de pesquisadores e cientistas do Brasil com os de outros países do mundo. Estive, por exemplo, com estudiosos do Irã, da Ucrânia, da Rússia e do México. Também recebi a visita de Steven Schafarman, fundador do *Citizen Policies Institute* de Washington que, como eu, abraçou inteiramente a causa da Renda Básica.

Em Washington, fui convidado para fazer uma palestra para a direção do Banco Mundial sobre a Renda Básica de Cidadania. Aproveitei essa visita aos Estados Unidos para também visitar a *Michigan State University*, onde fiz meu mestrado e meu Ph.D. em Economia. Nesse período, como resultado da minha estadia, escrevi o livro de bolso *Renda Básica de Cidadania. A Resposta dada pelo Vento*, publicado em inglês e em português pela L&PM Pocket, inspirado na canção de Bob Dylan, *Blowin' in the Wind*. Foi muito prazeroso ter me dedicado por dois meses à experiência de voltar a estudar. Considero fundamental estarmos sempre dispostos a aprender.

Na minha última exposição no Woodrow Wilson, usei um casaco do uniforme utilizado na Guerra da Secessão nos Estados Unidos, entre 1861 a 1865, que o Supla havia me encomendado.

PROFESSOR DA FUNDAÇÃO
GETÚLIO VARGAS DE SÃO PAULO

Tornei-me professor de carreira, por concurso, do Departamento de Análise e Política Econômica da Escola de Administração de Empresas de São Paulo, da Fundação Getúlio Vargas, a partir de fevereiro de 1966. Passei a dar cursos regulares após completar o mestrado em Economia, na *Michigan State University*, a partir do segundo semestre de 1968, de

Minha última aula com a presença honrosa do prefeito eleito, Fernando Haddad, e do professor Philippe Van Parijs.

Introdução à Economia, Macroeconomia, Microeconomia, Desenvolvimento Econômico, Economia Internacional e Economia Brasileira. Três cursos por semestre.

A partir de 1979, quando me tornei deputado estadual, federal, vereador e senador, passei a dar um curso por semestre, ou segunda pela manhã ou sexta-feira à tarde, em função das obrigações parlamentares. Avaliei que seria muito interessante levar os estudantes, pelo menos uma vez no semestre, a conhecer e dialogar com os moradores de bairros mais periféricos, como Heliópolis, Paraisópolis, Campo Limpo, Perus, Capão Redondo, Vila Prudente e outros. Por vezes, caminhávamos a pé e fazíamos reuniões com as associações de moradores.

Ao final do semestre, costumava convidar a turma para comer uma pizza em minha residência, e também para conversarmos sobre todos os assuntos que eles gostariam de trocar ideias. Normalmente, no almoço de confraternização que as turmas costumavam fazer logo após os exames finais, na própria FGV, eu era convidado inclusive para cantar alguma canção com eles.

METRÔ

Em 2015, quando fui secretário de Direitos Humanos, em SP, dois dias por semana pegava o metrô na Praça da Sé até a Estação da Luz, e de lá tomava o trem para a USP Leste, às 19h. Infelizmente, ao contrário da foto feita em outro dia, estava sempre lotado e eu viajava em pé.

ENTRE OS MELHORES
NO SENADO

Desde que foi criado o Prêmio Congresso em Foco, em 2006, em todos os anos fui considerado como um dos cinco senadores com melhor atuação no Senado Federal. Em 2012, fiquei em primeiro lugar. A indicação dos nomes é feita por cerca de 180 jornalistas que cobrem diariamente o Congresso. Os escolhidos são votados pelo público,

Com meu amigo Pedro Simon (PMDB-RS), um dos melhores senadores da história.

Com o deputado Chico Alencar (PSOL-RJ), companheiro de grande afinidade.

Com meu parceiro de muitas lutas, senador Paulo Paim (PT-RS), com quem tive a honra de caminhar lado a lado.

através da internet. Em 2014, fui homenageado com a deputada Luiza Erundina (PT-SP), o deputado Chico Alencar (PSOL-RJ) e o senador Pedro Simon (PMDB-RS), que também deixou o Senado, por termos estado em todas as edições do prêmio.

Também o Departamento Sindical de Assessoria Parlamentar (DIAP) indicou-me todos os anos dentre os 100 "Cabeças do Congresso Nacional". Fui classificado como um parlamentar formador de opinião que, por respeitabilidade, credibilidade e prudência, era chamado para arbitrar conflitos ou conduzir negociações políticas de grande relevância. Considero esses prêmios resultado da minha dedicação. Faço o meu trabalho com dignidade e respeito aos paulistas que me confiaram o voto.

O ESPORTE E O PREPARO FÍSICO
EM MINHA VIDA

Desde menino, sempre gostei muito de praticar esportes. Em minha casa, na Alameda Casa Branca esquina da Alameda Santos, ao lado da Avenida Paulista, em São Paulo, havia um jardim grande onde nós, seis irmãos, cinco irmãs e muitos primos e amigos que nos visitavam, podíamos correr, jogar futebol, vôlei, andar de bicicleta e nadar na piscina tão agradável de dez por cinco metros. Ademais, nossa casa estava rodeada pelo Parque Siqueira Campos, arborizado, muito agradável de passear, e pelo Parque Alexandre de Gusmão, com um gramado, onde com frequência jogava futebol com os vizinhos e garotos das mais variadas classes sociais, inclusive carentes, como entregadores de empório, de quem me tornei amigo. Eu tinha dez anos de idade quando, certo dia, ao descer a ladeira em alta velocidade de bicicleta, na curva lá em casa, derrapei, minha perna ficou presa no cano, quebrei o fêmur e fiquei 45 dias engessado.

No recreio da Escola Nossa Senhora das Graças, que frequentei do Jardim de Infância até o quarto ano do ensino primário, também jogava bola. No Colégio São Luís, tinha quatro campos de futebol de diversos tamanhos, além das quadras de basquete e de vôlei. Pratiquei muito esses esportes, era da seleção da minha classe e por vezes enfrentávamos times de outras escolas.

Dos meus nove até treze anos, passei as férias de verão no Acampamento Paiol Grande, em São Bento do Sapucaí, São Paulo. Era um lugar

Minha estreia no Campeonato de Boxe de *A Gazeta Esportiva*, em 1962.

de aprendizado muito especial, pois limpávamos e arrumávamos os chalés, arrumávamos a cama, alternando-se os dias, ajudávamos na cozinha, lavávamos a louça e servíamos as mesas. Ademais, praticávamos todos os esportes, como futebol, basquete, vôlei, handebol, natação, tênis, judô e pugilismo. Higino Zumbano, tio do pugilista bicampeão mundial Éder Jofre, era um estimado treinador de boxe que me levou a ser campeão de minha categoria. Era super bom a cada semana ou quinzena fazermos excursões a pé para os mais diversos e belos lugares, levando nossas mochilas e barracas, inclusive para um lugar tão especial para mim, a Pedra do Baú, onde havia um chalé com beliches para lá passarmos a noite.

Na adolescência, frequentei bastante os clubes Harmonia e Paulistano onde fiz muitos amigos e pratiquei diversos esportes. Também ao passar as férias com a minha família, muitas vezes no Guarujá, em Campos de Jordão, ou na Fazenda Boa Esperança, de meus avós maternos, em Bragança Paulista, estava sempre me exercitando.

Em 1988, eleito vereador e presidente da Câmara Municipal de São Paulo, resolvi correr a São Silvestre, tradicional prova organizada pela Gazeta Esportiva e TV Gazeta, que acontece todo 31 de dezembro. Com percurso de 15 km, sai da Avenida Paulista, vai até o centro pela Avenida Consolação e volta pela Rua Brigadeiro Luiz Antônio até retornar à Paulista. Em 1999, comecei a ter aulas regulares de ginástica, em casa, então na rua Grécia, duas vezes por semana, com a excelente professora Tatiana Abicair.

Em 2002, decidi correr novamente a São Silvestre. Ao passar pela subida do Elevado Costa e Silva (hoje João Goulart), um dos trechos

Chegada na Corrida de São Silvestre, em 2002.

mais difíceis da prova, precisei diminuir o ritmo das passadas. Minha frequência cardíaca chegou a 160 batidas por minuto. Terminei a prova em duas horas e dois minutos, quase o triplo do tempo dos primeiros colocados, mas feliz e realizado. Fui muito bem recebido ao longo de todo o trajeto. Ao final, uma surpresa: minha mãe Filomena, aos 93 anos, me aguardava para me cumprimentar e dar um beijo.

Desde 2019, faço aulas três vezes por semana, por uma hora, na Praça Guilherme Kawall, em frente à minha casa, onde moro desde 2006. A aula consiste em andar, correr, fazer muitos exercícios. Para mim, é essencial manter a boa forma física para ter energia e realizar bem o meu trabalho como representante do povo. Tenho vontade de participar da São Silvestre mais uma vez. A Tatiana avaliou que será possível!

O REI DO GADO

Dois meses após o massacre de 19 trabalhadores rurais *sem-terra* em *El-dorado dos Carajás*, no *Pará*, estreou no horário nobre da Rede Globo a novela "O Rei do Gado", de autoria de Benedito Ruy Barbosa. Entre junho de 1996 a fevereiro de 1997, os brasileiros tiveram a oportunidade de conhecer o Movimento dos Trabalhadores Rurais Sem Terra (MST) e sua defesa da reforma agrária. O enredo girava em torno de duas famílias de agropecuaristas rivais, com ênfase nos conflitos envolvendo trabalhadores rurais, posseiros e grileiros, e a tentativa de um senador idealista de intermediar os conflitos no campo.

A novela, com enorme repercussão, possibilitou que as pessoas tivessem maior compreensão do drama dos trabalhadores rurais sem terra e suas famílias. Foi uma oportunidade de se discutir a questão fundiária de maneira ampla, em horário nobre, atingindo todas as classes sociais, pois permitiu que os brasileiros conhecessem o funcionamento de um acampamento do MST, a vivência diária das famílias sem-terra, as dificuldades e as injustiças. A novela teve o mérito de modificar o conceito de muitos brasileiros sobre as reivindicações do movimento, passando a enxergá-las como lícitas frente às desigualdades no campo.

Para o MST, o "Rei do Gado" atuou como um foro de discussão dos problemas sociais e deu a oportunidade de desfazer distorções atribuídas ao movimento. A novela colaborou com a disseminação de

Contracenando com a atriz Ana Rosa, no velório do senador Caxias.

informações sobre o cotidiano do campo, a divisão injusta da terra, a improdutividade, bem como o atraso do governo em viabilizar uma política agrária mais justa. Nem o MST, nem a Igreja Católica conseguiriam levar para tantos milhões de brasileiros o tema da reforma agrária, não fosse a novela. Dois personagens destacaram-se como símbolos da luta pela terra: Regino, que em latim significa Rainha, numa alusão ao líder dos sem-terra no Pontal do Paranapanema, José Rainha, e o senador Roberto Caxias, um político empenhado na busca de soluções para a questão fundiária.

Regino era um líder idealista, que acreditava na possibilidade de se fazer reforma agrária no Brasil sem o uso de violência. Com o slogan "Terra sim, Guerra não", ele percorre o país com o intuito de ajudar a acelerar o processo de distribuição de terras. Diferente da realidade, o Regino foi caracterizado como líder messiânico, que decidia tudo sozinho. O MST despreza o messianismo como modelo de liderança.

Às vezes a imprensa pode criar essa imagem em torno do Zé Rainha, mas todo mundo sabe que é um princípio para nós do MST: sempre atuamos em comissão.

O senador Caxias era um parlamentar atípico, idealista e solidário. Antes do início da novela, conversei longamente com Benedito Ruy Barbosa, que me disse ter se inspirado em mim na construção do personagem. Caxias não faltava a nenhuma sessão do Senado e se preocupava com os direitos da população marginalizada. Fazia discursos inflamados, reclamando da inércia do poder público frente aos grandes problemas do campo. Ao assumir o papel de mediador entre os sem-terra e os latifundiários, Caxias apostava num entendimento sem violência. O senador foi aos acampamentos e assentamentos dialogar com os trabalhadores, ouvir as razões das ocupações em terras improdutivas e o anseio das famílias pelo direito pleno à cidadania. Ele reconheceu ser desigual e injusta a estrutura fundiária em que os 2,8% maiores proprietários detêm 56,7% da área dos imóveis rurais do país.

Os senadores, que acompanhavam atentos e comentavam os capítulos, ficaram bravíssimos quando a novela exibiu a cena do senador Caxias, em um eloquente discurso em defesa do diálogo com os trabalhadores rurais sem-terra para um plenário com apenas três senadores: um cochilando, outro lendo jornal e o terceiro falando ao celular. A cena causou protestos no Senado por "distorcer a realidade". Para mim, o "Rei do Gado" transplantou para a TV o comportamento de muitos parlamentares no Congresso. Não foram raras as vezes em que temas importantes, como a violência no campo, eram discutidos com a presença de pouquíssimos senadores.

Lamentavelmente, o senador Caxias não teve final feliz. Acabou assassinado ao tentar conciliar trabalhadores rurais sem-terra e jagunços de uma fazenda. Quando o autor Benedito Rui Barbosa e o diretor Luiz Fernando de Carvalho me convidaram para participar do velório do senador Roberto Caxias, aceitei na hora o convite e fiquei muito feliz. Tinha a convicção de que a novela "O Rei do Gado" apresentou aos brasileiros aspectos relevantes e pouco conhecidos da realidade do país. Eu e a senadora Benedita da Silva fomos convidados para participar de uma obra de ficção fazendo o próprio papel na vida real.[15]

Para gravar a cena, fomos ao PROJAC, estúdio da Rede Globo no Rio de Janeiro. Um cenário reproduziu um ambiente do Senado. Eu e a Benedita da Silva dávamos condolências à viúva do Senador Caxias, representada pela atriz Ana Rosa. Fiquei muito honrado com o convite do autor de estar numa novela como tanta relevância social. A repercussão foi tremenda e muito positiva. No elenco desse belo trabalho de "O Rei do Gado" estavam Patrícia Pilar, Antônio Fagundes, Raul Cortez, Glória Pires, Carlos Vereza, Jakson Antunes, Ana Rosa, entre outros.

---

[15] Cena disponível em: <https://www.facebook.com/watch/?v=254401091824356>. Acessada em: 27 nov. 2021.

SUNGA VERMELHA

Era 15 de outubro de 2009, um desses dias muito movimentados no Senado, quando saí do plenário, a caminho do gabinete, encontrei a Sabrina Sato com a sua equipe da Rede TV!. Ela fazia o programa "Pânico" e eu costumava encontrá-la em eventos, por vezes, no próprio Senado. Sempre nos demos muito bem, eu entrava nas brincadeiras. Nunca me recusei a dar entrevistas para qualquer programa. Naquela quinta-feira, por volta de 18h30, eu estava muito apressado para pegar um avião. Quando me viu, veio logo com o microfone: "Senador Suplicy eu gostaria muito de lhe fazer uma pergunta". Respondi rapidamente: "desculpe, mas eu estou muito apurado, tenho que ir ao aeroporto daqui a pouco". Ela insistiu: "é só uma pergunta, senador".

"O senhor considera que há heróis no Senado?" Respondi que havia muitos senadores que eu respeitava e admirava pela maneira como defendem os seus ideais. "E o senhor, senador, tem algum sonho que gostaria muito que fosse realizado?". Respondi que ela conhece o quanto eu havia batalhado para que no Brasil se instituísse logo a Renda Básica de Cidadania. Expliquei um pouco o que era, e ela respondeu: "puxa vida, então, o senhor é o meu herói!" E continuou: "eu gostaria de lhe dar um presente do Super Homem". E me deu um calção de banho, uma sunga vermelha. Agradeci e ia saindo, quando ela insistiu: "eu queria que você vestisse". E ainda ponderei: "Sabrina, a última vez que um parlamentar foi visto com uma roupa de baixo, ele teve seu mandato cassado". E ela: "ah, mas não há problema, porque você está vestido com o terno, pode colocar por cima do terno". Fiquei sem graça, naquele momento já tinha umas vinte pessoas assistindo à cena, e fiz uma rápida enquete: "vocês acham que eu vou quebrar o decoro parlamentar se vestir essa sunga?". Daí, em coro, unanimemente, disseram para mim: "imagina, não há problema".

Apressado, aceitei. Ela inclusive ajudou a vestir por cima do terno. A essa altura, diversos fotógrafos estavam lá. Desci a escada rapidamente, tirei a sunga e fui embora. A hora que sentei dentro do avião, pensei preocupado que poderia ter problemas. Talvez eu tivesse exagerado ao aceitar. Como o esperado, no dia seguinte estava nos jornais. Viajei no mesmo dia para Araraquara e São Carlos para fazer palestras sobre a Renda Básica de Cidadania para auditórios cheios. Já tinha corrido a notícia de que o Corregedor do Senado, senador Romeu Tuma (PTB-SP), dissera que iria apurar se eu tinha ou não quebrado o decoro parlamentar.

Em vista do mal-entendido, entrei em contato com a direção do programa. Muito respeitosamente, disseram que iriam editar o programa e depois me convidariam para assistir. No sábado à noite, reuni-me com os responsáveis pelo programa da Rede TV!, Emílio Surita e Alan Rapp, os quais tiveram a gentileza de me mostrar como tinham editado a reportagem para ser transmitida no programa na noite de domingo. Expliquei que, mesmo sendo uma brincadeira, poderia provocar a perda do meu mandato. Como sempre fui muito atencioso com os jornalistas e nunca me recusei a dar entrevistas, inclusive para os programas de humor, o Emilio Surita disse que não ia passar e efetivamente não passou. Logo que eu soube liguei para o Romeu Tuma e a história terminou aí. O episódio até hoje é motivo de brincadeira comigo, especialmente por um segundo episódio com uma sunga vermelha.

Depois de dois intensos dias de atividades em Niterói e Maricá, tirei o domingo para descansar no Rio de Janeiro. Estava um dia nublado e fui caminhar na praia, bastante vazia. Havia acabado de dar um mergulho quando vi a movimentação de pessoas com bandeiras e cartazes na avenida Vieira Souto, na altura da praia do Arpoador, em Ipanema. Curioso, resolvi ver o que estava acontecendo e fui me aproximando. Não me preocupei com o traje que vestia, uma sunga vermelha. Fiquei

Ato "Parem de nos matar" em solidariedade às mães de
jovens negros assassinados pela Polícia no RJ.

impactado com o depoimento de mães que perderam seus filhos vítimas
de violência policial e me aproximei para ouvir melhor.

O protesto "Parem de nos matar" foi organizado por cerca de
oitenta movimentos sociais em repúdio às políticas públicas de ocupação
e intervenções militares nas favelas cariocas e ao terrorismo de Estado
implantado pelo então governador do Rio, Wilson Witzel (PSC). No
dia 26 de maio, na zona sul do Rio, moradores de comunidades formaram um cordão humano do posto 12 até o Arpoador. O ato teve a
presença dos familiares de vítimas da violência no Rio, como Marinete
Silva, mãe da vereadora assassinada Marielle Franco.

Ele também marcou um mês do falecimento do gari William
Mendonça dos Santos, morto pela polícia com dois tiros na favela do
Vidigal, e pelo assassinato, com oitenta tiros de fuzil, do músico Evaldo

Rosa dos Santos, do catador de papel Luciano Macedo e o falecimento do estudante Lucas Brás, de 17 anos, com um tiro nas costas. Fiquei muito comovido com o relato e a dor daquelas mães. Terminado o ato, voltei para a praia. Uma hora depois, recebi no celular uma mensagem da jornalista Cátia Seabra, da *Folha de S. Paulo*: "Senador, era o senhor que estava na manifestação no Rio usando uma sunga vermelha?".

MELHOR AMIGO

Com meu melhor amigo no Planeta Terra, Professor Philippe Van Parijs, da Universidade Católica de Louvain, na Bélgica, fundador da BIEN, *Basic Income Earth Network*, que esteve inúmeras vezes no Brasil, inclusive na sanção da Lei n. 10.835/2004, que institui a Renda Básica de Cidadania.

APOIO À CITRICULTURA

Ao longo de meus mandatos, ouvi com bastante atenção às demandas dos produtores de laranja e de suco de laranja, fiz pronunciamentos os apoiando e promovi audiências na Comissão de Assuntos Econômicos (CAE), sobretudo após ter sido procurado pelo presidente da Associação Brasileira dos Citricultores, Flávio de Carvalho Pinto Viegas. A citricultura é uma das mais importantes cadeias produtivas do agronegócio paulista. Em 2011, contribuiu com R$ 4,8 bilhões dos R$ 59,6 bilhões da produção agropecuária. Com participação de 98% nas exportações brasileiras de suco de laranja concentrado congelado, a citricultura representou 11% das exportações do agronegócio do Estado.

A citricultura é a terceira atividade agropecuária em importância na geração de empregos, logo após a cana de açúcar e a pecuária. Três em cada cinco copos de suco de laranja consumidos no mundo vêm de pomares paulistas. Mas alguns problemas provocavam o baixo preço da caixa de laranja paga aos produtores.

Na CAE, debatemos o abuso do poder de mercado, a manipulação de informações e a cartelização. Faltava uma política para o setor citrícola. Se fazia necessário restabelecer o equilíbrio, impedir a verticalização da indústria, assegurando a remuneração compatível com os custos e riscos do produtor, garantindo-lhe renda e segurança e protegendo-o de ação dos grandes grupos do agronegócio. Era fundamental instituir um plano de recuperação dos pomares independentes das regiões citrícolas tradicionais e nos setores exportadores, aumentar a fiscalização das exportações com o objetivo de impedir o subfaturamento.

As exportações de suco de laranja concentrado, subprodutos e de frutas de mesa captaram próximo de US$ 1,6 bilhão em 2007. Em 19 de fevereiro de 2009, lamentei que a crise na citricultura durasse mais de quinze anos, resultado da concentração das empresas que controlam o processamento, a comercialização e o sistema logístico da distribuição do suco produzido. O setor citrícola gerava mais de 400 mil empregos (diretos e indiretos) no Estado de São Paulo. Somente na área agrícola, a laranja absorve 8,5% do total da demanda da força de trabalho rural.

Em julho de 1994, os produtores de laranja entraram com uma ação na Secretaria de Direito Econômico contra doze empresas processadoras de suco, pela prática de formação de cartel e imposição de preços na negociação com produtores de laranja. Isso resultou em instauração de processo administrativo, encerrado em abril de 2003, com um acordo pelo qual as empresas se comprometeram a não combinar preços. O compromisso não foi cumprido e as agroindústrias continuaram com as práticas oligopolistas. Meu esforço foi sempre o de reverter a concentração no setor. Em que pese o empenho, em 27 de janeiro de 2009, o jornal *Valor Econômico* registrou que "a concentração econômica é evidente, e quatro grupos econômicos centralizam o processo do suco de laranja, Cutrale, Citrosuco, Citrovita e Louis Dreyfus".

Segundo a Associtrus, as empresas processadoras detinham menos de 600 mil pés de laranja nos anos 1970. Em 2009, o número estava próximo de cinquenta milhões. As empresas continuavam adquirindo fazendas e plantando cerca de 2,5 milhões de árvores por ano. Parcelas significativas de recursos eram do BNDES. A Associtrus também denunciou a prática de subfaturamento na exportação de suco de laranja em prejuízo dos produtores de laranja. É necessário o melhor entendimento entre pequenos e médios agricultores e as grandes empresas processadoras e produtoras de suco de laranja para a exportação com o governo estadual para que toda a cadeia produtiva seja justamente remunerada.

CESARE BATTISTI

Em 2008, certo dia recebi em meu gabinete a escritora e arqueóloga francesa Fred Vargas, autora de romances traduzidos em mais de quarenta línguas, com mais de um milhão de exemplares vendidos na França, acompanhada de sua irmã, a artista plástica Jô Vargas. Tiveram uma longa conversa comigo sobre a situação do ex-guerrilheiro italiano Cesare Battisti, detido em Brasília, com pedido do governo italiano para que fosse extraditado para a Itália, onde foi condenado à prisão perpétua. Desde 2004, Fred Vargas acompanhava o caso por meio de um grupo de apoio a ele na França.

Fred contou que Cesare Battisti havia pertencido ao grupo italiano Proletários Armados pelo Comunismo (PAC), organização de extrema esquerda que atuou nos anos 1970. Foi acusado de cometer quatro assassinatos pelos quais fora condenado pela justiça italiana à prisão perpétua. Entretanto, ela havia estudado o caso em profundidade e estava convencida de que ele não cometera aqueles assassinatos. Passei então a acompanhar o processo.

Battisti entrou no grupo armado em 1976 e cometeu regularmente "ações de apropriações aos bancos, para assegurar o seu financiamento". Afirmou nunca ter atirado em alguém. Preso em 1979 com outros militantes clandestinos, foi julgado na Itália durante o primeiro processo contra o PAC. Em 1981, acabou condenado por "subversão contra a ordem do Estado", sem ser acusado de participação em qualquer homicídio. Depois da condenação no seu país natal, Battisti se refugiou na França em 1990, aproveitando-se da decisão do então presidente François Mitterrand de acolher condenados por atos políticos na Itália que depusessem as armas.

Em 1987, foi novamente julgado na Itália, à revelia, por estar foragido. Battisti recebeu a pena de prisão perpétua. Ele foi acusado de dois homicídios (dos policiais Udine Antônio e Andréa Campagna); de ter sido cúmplice no caso da morte do açougueiro Lino Sabbadin; e de ter organizado a ação que matou o joalheiro Luigi Pietro Torregiani. As denúncias contra ele tinham sido formuladas por ex-militantes, em especial Pietro Mutti, por meio de delação premiada, para escaparem da própria punição. Fred Vargas descobriu que, enquanto houve o julgamento, foi dada uma procuração falsa a advogados para defendê-lo. Uma perícia oficial confirmou a falsidade.

Após conhecer Battisti em um grupo de apoio formado por intelectuais franceses, Fred passou a estudar o caso em profundidade. Estava convencida de que ele não cometera aqueles assassinatos. Havia de fato algumas incongruências nas acusações relativas a pelo menos dois dos supostos assassinatos. Eles teriam sido cometidos num intervalo de uma hora e meia a duas, mas em cidades diferentes, distantes cinco horas de viagem uma da outra. As evidências comprovavam que ele não cometeu os homicídios pelos quais foi acusado. Além disso, não lhe foi garantida a devida defesa no processo legal.

Embora Battisti tivesse vivido na França por onze anos, a Itália nunca pediu sua extradição. Mas, com o fim do governo Mitterand, Battisti fugiu para o Brasil, onde foi preso em 18 de março de 2007 no Rio de Janeiro. O ministro da Justiça, Tarso Genro, concedeu a ele o status de refugiado político, negado pelo STF em novembro de 2009. Porém, a perseguição se intensificou quando Silvio Berlusconi se tornou primeiro-ministro na Itália e passou a pressionar ainda mais o governo brasileiro para extraditá-lo. Diversos órgãos da imprensa do Brasil começaram a cobrar do governo do presidente Lula que fizesse a extradição. Visitei Cesare algumas vezes na prisão, primeiro na sala onde estava na Polícia Federal, e depois no Complexo Penitenciário da Papuda. Conversamos longamente.

No início de junho de 2011, o STF analisou o pedido de extradição feito pelo governo italiano. O então advogado de Cesare Batistti, o hoje ministro Luiz Roberto Barroso, perante o STF afirmou que a decisão do presidente Lula se constituiu em ato de soberania nacional, moralmente justa e legítima. Mais de 32 anos haviam se passado dos atos do grupo PAC, que levaram Cesare a ser condenado. No Brasil, o prazo de prescrição de pena é de vinte anos.

Barroso considerou que a reclamação do governo italiano, exigindo a deportação do ex-guerrilheiro, correspondia a uma vingança histórica tardia feita pelos vencedores. Constituía um contrassenso que o Brasil, cuja Justiça concedeu anistia tanto aos que praticaram atos subversivos quanto para pessoas que cometeram crimes de tortura, maus-tratos e mortes, tendo o STF reconhecido a anistia, que viesse agora o presidente Lula ter um procedimento completamente diferente. Se concedemos anistia até aos agentes do Estado que cometeram crimes, deveríamos, sim, respeitar a decisão de não enviar para a Itália um homem, na época com sessenta anos, que não havia cometido qualquer ação criminosa nos últimos 32 anos, para morrer prisão.

Por seis votos a três, o STF manteve a determinação do ex-presidente Luiz Inácio Lula da Silva, que negou o pedido de extradição de Battisti. Entretanto, ao assumir a presidência, Michel Temer autorizou a extradição de Battisti para a Itália. Temendo ser novamente detido no Brasil, Cesare resolveu ir para a Bolívia onde acabou sendo preso. Foi trazido para o Brasil e extraditado para a Itália. Em circunstâncias muito estranhas, segundo Fred Vargas, Cesare acabou confessando que teria de fato participado daqueles quatro assassinatos, ainda que dois deles tivessem acontecido em cidades diferentes em horários que não teriam podido acontecer no mesmo dia. O que posso asseverar é que agi com total boa-fé em cada passo.

Diversas pessoas estranharam minha atuação nesse caso, questionando como eu poderia estar defendendo um terrorista. Em resposta, fiz alguns pronunciamentos, dizendo que eu sou neto e bisneto de italianos e tenho a maior estima pela Itália desde menino. Mas eu também aprendi a admirar e seguir o exemplo de alguns dos maiores cientistas da história da humanidade, como Galileu Galilei e Nicolau Copérnico. Como Fred Vargas, sempre procurei saber a verdade, essa busca é um sentimento humano. Avalio que a verdade completa ainda está por ser revelada.

EM ALTO E BOM SOM

Em fevereiro de 1966, prestei concurso para professor de Economia na Escola de Administração e Economia da Fundação Getúlio Vargas e fui aprovado. Decidi cursar o mestrado de Economia e, em agosto daquele ano, fui estudar na *Michigan State University*, nos Estados Unidos. Ao voltar, em agosto de 1968, passei a dar três cursos de economia a cada semestre, tais como de Introdução à Economia, Microeconomia, Macroeconomia, Desenvolvimento Econômico e Economia Internacional. Só que ao dar minha segunda ou terceira aula por dia, minha voz começou a ficar rouca.

Recebi então a recomendação para procurar uma das maiores especialistas brasileiras, a atriz, diretora, crítica teatral, poeta e tradutora Mariajosé de Carvalho (1919-1994), fundadora da Escola de Artes Dramáticas (EAD) em 1948, junto com Alfredo Mesquita. Ela era uma mulher formidável. Professora de muitos artistas de teatro e por duas décadas professora de Dicção e Estilo do EAD, ela me ajudou muito a fazer exercícios de voz, que me ajudaram a superar o problema. Depois de algumas semanas, já não ficava rouco, nem mais perdia a voz depois das aulas. Avalio que melhorei bastante em minhas exposições aos alunos.

Também tive aulas de canto com a excelente professora Nancy Miranda (1927-2002), quando me candidatei à Prefeitura de São Paulo, em 1985. Ela era professora de canto dos meus filhos Supla e João. Eu queria melhorar o meu desempenho nos comícios e no horário eleitoral

Com Reinaldo Polito, que aperfeiçoou a apresentação de minhas palestras.

gratuito na TV, por isso fui trabalhar a impostação de voz. As aulas me ajudaram muito a cantar melhor, sobretudo canções brasileiras.

Mais tarde, já como Senador, certo dia li a entrevista na *Playboy* do professor de Expressão Verbal, Reinaldo Polito, em que ele citava exemplos de pessoas que não se expressavam com objetividade. Embora avaliasse que eu tivesse uma voz bonita, fosse elegante e culto, eu tinha dificuldade de me fazer compreender. E que, se eu tivesse a oportunidade de fazer o seu curso, ele resolveria o meu problema em apenas seis horas. Um ano depois, eu o procurei e perguntei se a proposta dele ainda estava de pé. Com a resposta afirmativa, me inscrevi no curso.

Logo marcamos a primeira aula. O professor Polito pediu-me que explicasse o projeto sobre o programa de Renda Mínima em três minutos. Acabei me alongando e fiz uma exposição de 48 minutos. Daí ele me pediu que explicasse a mesma proposta, sem prejuízo de conteúdo, em 30 minutos, depois em 20, em seguida em 10, até chegar aos três minutos. Ao perceber que poderia falar quase tudo que precisava em três minutos, passei a adotar esse tempo nas apresentações. Muitas vezes, antes criticado como mal orador, passei a ser elogiado pela objetividade, emoção e envolvimento como transmitia minhas mensagens, conforme diagnóstico do próprio professor Polito. Como, por vezes, precisei fazer palestras em inglês, no exterior, ele também me treinou para que eu as fizesse bem, e assim aconteceu.

Reinaldo Polito treinou-me especialmente para duas missões especiais. A primeira, quando fui convidado pelo Grupo Jovem de Teatro de Heliópolis para fazer uma apresentação especial da peça *A Queda para o Alto*, de Anderson Herzer. Primeiramente, o grupo me pediu que eu gravasse um vídeo introdutório. Mas tudo ocorreu tão bem que acabei acompanhando o grupo em doze apresentações da peça ao vivo em teatros de São Paulo, como o Oficina, e noutras cidades.

A segunda missão foi quando me preparei para fazer minha apresentação como pré-candidato à Presidência da República no 12º Encontro Nacional do PT em Recife. Eu estava consciente de que aquela minha decisão de disputar as prévias presidenciais do PT para a escolha do candidato a presidente, em 2002, provocaria um certo desconforto no partido e para o próprio Lula. Treinei para, em dez minutos, expressar que estava ali para uma conversa "com meu querido amigo Lula" e fiz um apelo contundente para sua inscrição na prévia. "Aprendi com você mesmo, Lula, que não devemos desistir diante das situações mais adversas". "Você ousou criar o Partido dos Trabalhadores e, no movimento sindical, deu exemplos notáveis para que os sindicatos não tenham apenas uma visão corporativista".

Conforme registrou o repórter do *Estadão* que me acompanhou na aula em que ensaiei o discurso, citei passagens de nossa trajetória comum, como na luta por eleições diretas e no movimento pela ética na política, que culminou com o processo de impeachment do Presidente Fernando Collor. Ao final da aula, Polito avaliou que "houve perfeita harmonia entre gestos, inflexão de voz e mensagem". Lula saiu do encontro inscrito nas prévias.

MEUS MÉDICOS

Conheci Dona Filhinha, Maria Benedita Pinto Nogueira, na década de 1970. Era uma senhora que tinha uma percepção extraordinária sobre possíveis doenças das pessoas. Feito o diagnóstico, ela recomendava remédios homeopáticos sempre eficientes. Nascida em 1914 no interior de São Paulo, o pai era dono de uma fazenda entre Jaraguá e Itaberaí e de um empório em Pirenópolis, todos em Goiás. Filhinha foi criada no meio de plantações e tinha esse apelido porque era pequenininha. Dizia que aprendeu desde muito menina a amar cada folha de cada planta, cada fruto de cada árvore. Conversava com elas e, garantia, todas lhe respondiam, assim como os animais. "Falo com as plantas e os bichos porque eles falam comigo. As plantas e os bichos me contam histórias". Filhinha acabou por desenvolver esse dom especial.

Conta a história que, quando menina, certo dia foi vacinada contra a varíola, causadora de muitas mortes nos anos 1920. De suas chagas, com um espinho de laranjeira, tirou um líquido e arranhou todos os seus amiguinhos. Os médicos reagiram boquiabertos, pois ela havia vacinado todos por pura intuição infantil e as crianças se tornaram imunes. Na escola, recebeu o convite para se retirar por ser tão curiosa. Estranhavam o costume dela de lidar coma natureza como se fosse gente. Eu a considerava uma pessoa excepcional. Conheci muita gente curada por ela, inclusive meu filho André. Quando menino, André brincava em frente de casa quando foi atropelado e precisou extrair o baço e parte de um rim. O médico havia recomendado a extração do

Com o meu querido médico, que bem me orientou na
pandemia, Dr Nelson Carvalhaes Neto.

segundo rim, quando fui conversar com Dona Filhinha. Ela recomendou alguns remédios homeopáticos para o meu filho e ele sarou, sem precisar de nova cirurgia.

Assim, me acostumei a consultar a Dona Filhinha sobre qualquer mal-estar e sempre seus remédios me fizeram bem. Quando ela faleceu, em 8 de março de 2004, com 90 anos, apresentei um requerimento de condolências no Senado em sua homenagem. Até hoje tomo diariamente, de manhã, no almoço e no jantar os remédios homeopáticos por ela receitados. Se não o fizer, após alguns dias sinto dores na região abdominal.

Em Brasília, certo dia procurei o médico homeopata, especializado em medicina holística, Dr. Edson Nilton Veiga, por causa de escamações que me apareciam nos dedos das mãos. Ao tomar de seis a oito gotas diárias de *Rhus Toxicodendrom*, após poucos dias elas desaparecem. Em outubro de 2002, logo após o primeiro turno das eleições presidenciais, fui consultar o urologista Geraldo Campos Freire Jr., meu colega de classe no Colégio São Luís. Diagnosticou que eu estava com câncer na próstata e que o melhor seria extraí-la no dia seguinte. Assim aconteceu, felizmente sarei.

Em São Paulo, me consultei com o excelente cardiologista dr. Charles Mady, do Instituto do Coração do Hospital das Clínicas (Incor), realizando periodicamente uma bateria de exames. A dermatologista dra. Cristina Abdalla acompanha o surgimento de manchas na minha pele, resultado da excessiva exposição ao sol, inevitável quando se faz política nas ruas.

Em anos recentes, tenho sido examinado pelo meu geriatra, o querido Dr. Nelson Carvalhaes Neto, com quem tenho total interação e afinidade. Segui rigorosamente todas as suas recomendações de cuidados preventivos para com a Covid-19 e deu certo. Não poderia deixar de citar que também acompanho as exposições do doutor tão querido de todos, Drauzio Varella, sempre com análises competentes e recomendações de bom senso.

VINHOS BRASILEIROS

Há mais de dez anos, sempre que vou a restaurantes busco vinhos brasileiros no cardápio. Se não tem, sugiro incluir. Além da excelente qualidade, as mais diversas uvas são produzidas por cooperativas por todo o Brasil, em estados como Rio Grande do Sul, Bahia, São Paulo, Santa Catarina e Minas Gerais. Recomendo fortemente o vinho nacional!

NATAL DO PRESIDENTE LULA
COM O POVO DA RUA

Entre 2003 e 2014, sempre participei como senador dos Encontros de Natal do presidente Luis Inácio Lula da Silva e da presidenta Dilma Rousseff com o Povo da Rua e com os Catadores de Material Reciclável, a convite do padre Júlio Lancelotti, pároco designado pela Cúria Metropolitana de São Paulo para cuidar da população em situação de rua (PopRua). As reuniões aconteceram por vezes na baixada do Glicério, na Casa Cor da Rua, projeto da Organização de Auxílio Fraterno, que trabalha com inclusão social; na Casa da Oração do Povo da Rua, na Luz; na Quadra dos Bancários, na rua Tabatinguera; ou na sede da Coopamare, a Cooperativa de Catadores Autônomos de Papel, Aparas e Materiais Reaproveitáveis, sempre com mais de duas mil pessoas.

Em um dos encontros, Dom Cláudio Hummes, arcebispo de São Paulo, destacou que naquela tarde o presidente estava transportando o palácio presidencial para baixo de um viaduto, para as ruas das cidades brasileiras onde moram tantas pessoas. Para ele, naqueles momentos, o local se transformava numa catedral. O exemplo de Jesus, de solidarizar-se e viver com os mais pobres, disse Dom Cláudio, estava sendo praticado pelo presidente, com quem convivera e aprendera nos 21 anos em que foi bispo de Santo André.

Na presença de tantos catadores e moradores em situação de rua, não apenas de São Paulo, Lula ouviu seus depoimentos, por vezes em

Animado Natal do presidente Lula com representantes dos movimentos da população em situação de rua, das cooperativas de materiais recicláveis e de parlamentares.

forma de canções e danças, como foi tão bem apresentada por Mara Lúcia Sobral Santos, da Cooperativa de Reciclagem Granja Julieta, e por Eduardo Ferreira de Paula, presidente da Coopamare, que expôs um projeto do Movimento Nacional dos Catadores de Materiais Recicláveis, que estava sendo colocado em prática pelo Ministério de Desenvolvimento Social e Combate à Fome. Sempre estiveram presentes os líderes Anderson Lopes Miranda, Robson Mendonça, Darcy Costa e Sebastião Nicomedes Oliveira, do Movimento Nacional de Luta e Defesa dos Direitos da População de Rua. Nessas reuniões, tanto Lula quanto Dilma estavam sempre acompanhados de diversos ministros das principais pastas relacionadas às reivindicações daquela população, assim como de diversos parlamentares do PT e de partidos afins.

Com o meu amigo presidente Lula.

Nas reuniões, Lula e Dilma apresentaram sugestões sobre programas de moradia, de respeito aos direitos humanos da população em situação de rua, de estímulo para que as empresas de coleta de lixo venham a recolher os materiais recicláveis das cooperativas, e assim por diante. É de estranhar que os governos que se seguiram, de Michel Temer e de Jair Bolsonaro, não mais cogitaram de se reunir com estes segmentos da população, que registraram aumento significativo desde 2015, tendo em vista a recessão, o aumento do desemprego e a pandemia do coronavírus.

A CUT E A IMPORTÂNCIA DE SE OUVIR OS TRABALHADORES

Nunca houve qualquer dúvida sobre a minha clara opção na defesa dos direitos dos trabalhadores. Antes de completar um mês de mandato como senador, em 20 de fevereiro de 1991, da tribuna do Senado dei as boas-vindas aos dirigentes da CUT que visitavam o Senado Federal e escutavam o pronunciamento da Tribuna de Honra. O presidente da central, Jair Meneguelli, e o presidente do Sindicato dos Metalúrgicos de São Bernardo do Campo e Diadema, Vicente Paulo da Silva, o Vicentinho, acabavam de ter uma audiência com o presidente do Senado, Mauro Benevides (PMDB-CE), acompanhado por mim e pelos deputados federais do Partido dos Trabalhadores.

Eles foram ao Senado transmitir a todos os senadores e senadoras preocupação em relação às atitudes da Autolatina, que vinha fazendo muitas demissões. Anunciava-se que cinco mil trabalhadores chefes de família perderiam seus empregos. A pressão dos sindicalistas era para sustar essas demissões e se abrir um canal de diálogo com o governo Collor. O impacto era tanto, que a própria ministra da Economia, Zélia Cardoso de Mello, aceitara receber Meneguelli e Vicentinho.

Registrei que o emprego na categoria havia diminuído de 52,1 mil trabalhadores em dezembro de 1986, para 32,1 mil trabalhadores em fevereiro de 1991. Desde decretado o Plano Collor, os salários haviam perdido muito de seu valor real e representavam apenas 3% do valor

Com o deputado Vicentinho, ex-presidente da CUT, do Sindicato
dos Metalúrgicos do ABC e meu primeiro suplente em 1998.

do automóvel. Por outro lado, as diversas empresas estavam doando
automóveis os mais modernos ao presidente da República.

De 1964 até 1985, o Brasil viveu sob a ditadura militar na qual
os direitos constitucionais foram suprimidos, adversários do regime
perseguidos, torturados e muitos foram mortos. A sociedade vivia sob

censura. Em fins da década de 1970, inúmeros setores começaram a se reorganizar e a se manifestar publicamente: as greves dos metalúrgicos do ABCD, os camponeses sem terra, movimento negro, movimentos das mulheres, movimento contra a carestia, organizações estudantis e tantas ações forçaram o início do processo de redemocratização do Brasil. Nesse contexto, em 1983, na Praia Grande, onde estive presente como deputado federal, participaram da fundação da CUT 5.069 delegados, de 891 entidades (335 urbanas, 310 rurais, 134 associações pré-sindicais, 99 associações de funcionários públicos, cinco federações e oito entidades nacionais e confederações, que representavam mais de doze milhões de trabalhadores). A pauta dos trabalhadores estabelecia o combate às políticas econômica e salarial; a luta contra o desemprego; a autonomia sindical; e a reforma agrária. Jair Meneguelli, então presidente do Sindicato dos Metalúrgicos de São Bernardo do Campo e Diadema, foi o primeiro presidente da CUT.

De 1994 a 1999, o Presidente Nacional da CUT foi Vicente Paulo da Silva, o Vicentinho, que se tornou também deputado federal pelo PT. Na minha primeira candidatura ao Senado, em 1990, cheguei a convidar Vicentinho para ser meu suplente. Entretanto, como ele ainda não tinha 35 anos, não pode se inscrever. Mas, na segunda eleição, em 1998, ele aceitou ser meu suplente, assim como João Felício, também ex-presidente da CUT e da APEOESP, foi meu primeiro suplente na minha primeira eleição para senador, em 1990.

DESRESPEITO A PROFESSORES

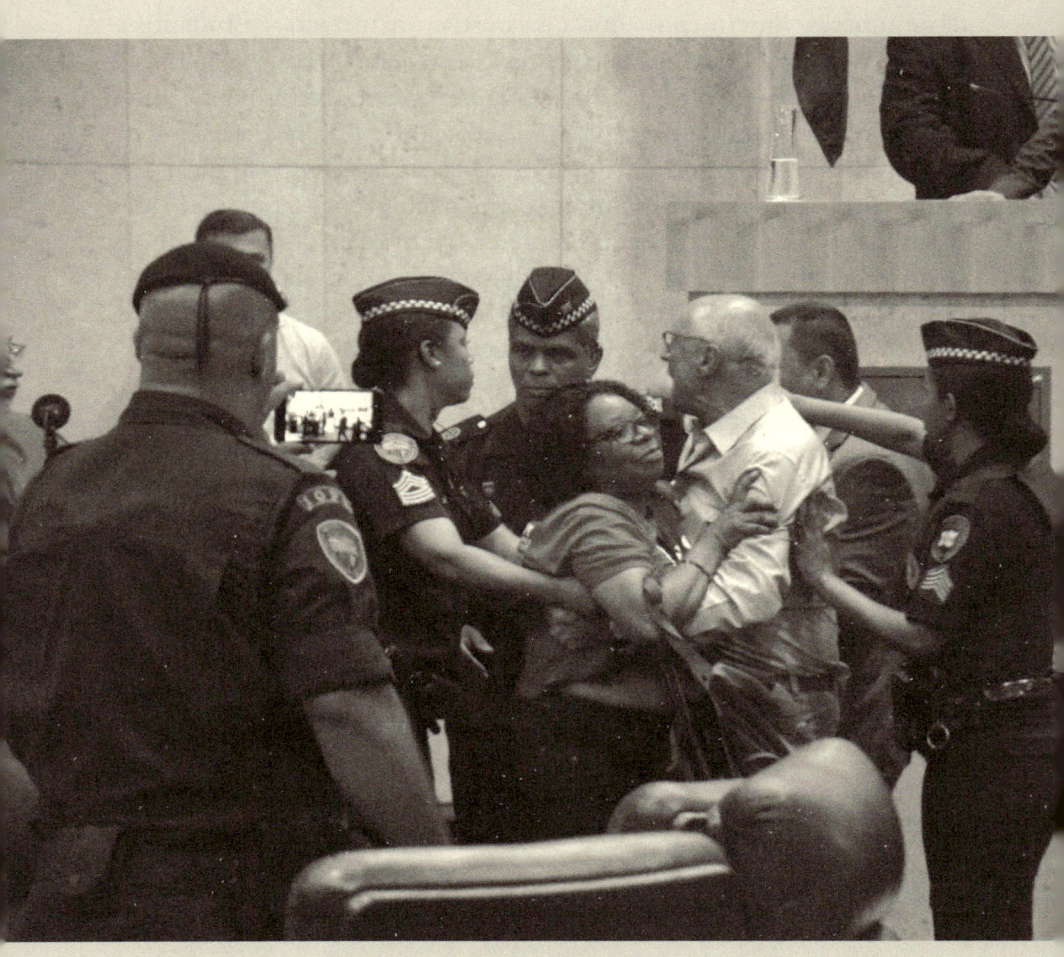

Em debate sobre os direitos dos professores na Câmara de São Paulo, a Guarda Metropolitana tentou tirar a força representantes convidados pelos vereadores para estar no plenário. Foi necessária minha interferência para impedir o de desrespeito e a violência.

NO PALCO COM RITA LEE

Uma das pessoas com quem sempre tive bastante afinidade foi a cantora Rita Lee. Muitas vezes assisti aos seus shows; eu gostava de ouvir e cantar as suas canções como *Lança Perfume, Mania de Você, Chega Mais*. Além de sua música ter uma qualidade excepcional, ao cantar com alegria, considero imprescindível a sua defesa pelos direitos humanos e pela preservação da natureza. No Senado, fiz diversos pronunciamentos no Senado em sua homenagem, enaltecendo a sua parceria com o marido Roberto Carvalho. Em abril de 2008, durante a sua turnê com o show "Picnic" tive a honra de ser convidado para subir ao palco no seu show em São Paulo para cantarmos juntos *Blowin' in the Wind*, de Bob Dylan. Foi uma noite de glória para mim. Assim registrou o site Glamurama: "O público adorou e aplaudiu de pé".

AMIGOS DESDE 1985

Em fases fundamentais de minha vida política, eu tive o apoio extraordinário de pessoas na área de comunicação às quais muito devo e quero aqui agradecer: Chico Malfitani, Henrique de Souza Filho, o Henfil, Erazê Martinho, Carlito Maia e João Baptista Breda, que trouxe a Mônica Dallari para a campanha. Chico, Erazê e Carlito foram estimuladores e criadores de minha campanha em 1985 para prefeito de São Paulo. Muitas pessoas até hoje lembram da campanha cuja canção dizia: "experimente Suplicy, é diferente de tudo que está aí".

O programa de TV iniciou-se com um diálogo de uma hora, feito em minha residência, com a presença de Lula, Marisa, Luiza Erundina, Paulo Freire, Juarez Soares, Antonio Fagundes, Lucélia Santos, Carlito Maia, Supla e Marta. Conversamos sobre como nós dois, convivendo com aquelas pessoas, tendo origens muito diferentes, passamos a ter tanta afinidade sobre os nossos propósitos de construir um Brasil justo e solidário. Chico, Erazê e Carlito criaram uma novela em sete capítulos de 90 segundos, que me apresentava ao público. O Zé do Muro ficou na memória das pessoas. O publicitário Carlito Maia, que colaborava com o jornal Diário Popular, sem me conhecer, começou a me elogiar. Ficamos amigos do peito. Convivemos muito com ele e com a sua companheira Teresa Rodrigues, até o seu falecimento.

Em minha primeira campanha para o Senado, ele propôs: "é do Ar do Suplicy que o Senado precisa". Volta e meia me dava ideias, como

Com meu grande irmão, amigo e camarada Carlito Maia.

Meu grande amigo, conselheiro e colega, como deputado estadual, João Baptista Breda.

a de acrescentar na bandeira do Brasil o substantivo amor, conforme o lema do filósofo positivista Auguste Comte, que inspirou a sua criação: amor, ordem e progresso. "O amor por princípio, a ordem por base e o progresso por fim". Para mim, a inclusão da palavra amor corrigiria um erro histórico. Infelizmente, o projeto, também abraçado pelo deputado Chico Alencar (PT-RJ), não foi adiante.

Na véspera do primeiro comício das "Diretas Já", que seria realizado em frente ao Pacaembu, fui atropelado por um carro ao atravessar a avenida Faria Lima. Fui encaminhado ao Hospital das Clínicas para ser medicado, pois estava preocupado se poderia ir ou não ao comício, no qual compareci em cadeira de rodas. Logo no hospital vieram me visitar Henfil e Carlito Maia. Disse então o querido Henfil: "viemos te ver porque sabemos que quando um amigo se fere você vai visitá-lo antes que a mãe". João Baptista Breda foi meu colega como deputado estadual na Assembleia Legislativa de São Paulo (1979-1982), ainda no MDB. Fundamos o PT e ele tornou-se um outro amigo-irmão, com quem eu conversava quase que diariamente, e que depois foi meu chefe de gabinete quando me elegi vereador e presidente da Câmara Municipal de São Paulo: "não há o que não haja", costumava dizer sobre as coisas mais surpreendentes que aconteciam. Ele tinha toda a razão. São amigos inesquecíveis!

PICINGUABA

Sempre que vou a Picinguaba, uma vila de pescadores muito bonita em Ubatuba (SP), onde tenho uma pequena casa, volto com as minhas energias renovadas. Dentro da reserva de Mata Atlântica, gosto de nadar, ler e descansar olhando a bela vista para o mar.

LIDERANÇAS POPULARES

Interagir com as lideranças populares é um grande prazer para mim. Sempre aprendo muito. São pessoas corajosas, determinadas e incansáveis, que não temem o que está por vir e olham para o coletivo. Muitas vezes, em situações extremamente difíceis, o líder tem a missão de unir, motivar e propor saídas. Tem a confiança dos liderados e precisa ter esperança para nunca desistir. Considero muito enriquecedor você ir aos lugares mais distantes, pobres, abandonados e encontrar um líder comunitário estimulando e conscientizando a população, explicando que as decisões em grupo só fortalecem. O Partido dos Trabalhadores é diferenciado por abrigar essas lideranças tão relevantes na sua organização. Em minha vida, interagi com pessoas muito especiais e desde já peço desculpas àqueles e àquelas que não estão citados. Precisaria escrever um novo livro só para contar todas essas minhas vivências. Também deixo o agradecimento a todas aquelas e todos aqueles que, com seus exemplos, fortaleceram a minha missão de construir um mundo mais justo, igualitário, fraterno e solidário. Muito obrigado!

Betânia

Conheci Maria Betânia Ferreira Mendonça, na época presidenta da União dos Moradores da Favela de Paraisópolis, em 1988, quando realizei a pesquisa sobre o tema "Da Distribuição da Renda e dos Direitos

Com Maria Betânia, liderança de Paraisópolis.

à Cidadania", publicado em livro pela Editora Brasiliense. Betânia tinha 29 anos. Paraisópolis já era uma das maiores favelas de São Paulo, com cerca de cinco mil casas e 25 mil habitantes. Hoje são 100 mil moradores, ficando atrás apenas de Heliópolis. Nascida em Santana de Mundaú, antiga União dos Palmares, em Alagoas, seu pai era lavrador. Sua família veio para São Paulo quando ela tinha 15 anos e logo se instalaram em Paraisópolis, onde vive até hoje. Aos 16, se tornou babá em residência no Morumbi. Depois, foi monitora de creche, professora no Mobral por cinco anos e formou-se em pedagogia na UNIFIEL, em Osasco. Hoje, aos 62 anos, Betânia é secretária da União em Defesa da Moradia e Melhorias das Comunidades do Estado de São Paulo.

Carmem, Benedito, Ivaneti e Gegê

Eu sempre me relacionei bastante com lideranças de movimentos populares e de moradia, como com Carmen Silva, uma mulher que muito se distinguiu na Ocupação do Hotel Cambridge, tornou-se atriz principal do filme que narra todo o episódio concluído com a cessão daquele edifício para as famílias que lá se instalaram. Eis que Carmen Silva organizou o Movimento do Sem-Teto do Centro (MSTC), responsável pela Ocupação 9 de Julho. Com a União dos Movimentos de Moradia, com Benedito Barbosa, Ivaneti Araújo, da Ocupação do Ouvidor e de Luiz Gonzaga da Silva, o Gegê, do Movimento de Moradia do Centro (MMC), muito interagi e ofereci o meu gabinete para elaborar propostas e assegurar o direito à moradia.

Na Ocupação Nove de Julho, com Carmem Silva, líder do MSTC.

Eliane Dias

A interação com a advogada, empresária e ativista Eliane Dias foi especial. Por mais de quatro anos, ela realizou um trabalho extremamente relevante como a primeira mulher negra a coordenar o SOS Racismo, da Assembleia Legislativa de São Paulo. Quando em 2020 considerei ser candidato a prefeito de São Paulo pelo PT, a Mônica Dallari sugeriu-me que convidasse a Eliane Dias para ser a candidata a prefeita na minha chapa e eu sairia candidato a vice. De imediato abracei a ideia. Infelizmente, apesar da minha insistência, ela não aceitou, pois estava sobrecarregada com a responsabilidade de administrar a produtora Boogie Naipe, que cuida dos Racionais MC's, do seu marido Mano Brown. Infelizmente não deu dessa vez, mas não desisti da ideia. Tenho a convicção de que ela será uma excelente prefeita de São Paulo pelo Partido dos Trabalhadores.

Antônia Cileide

Outra liderança importante com quem sempre estou dialogando é a Antônia Cileide Oliveira de Souza, da Cooperativa dos Vendedores Autônomos do Parque Ibirapuera, cuja história está relatada no livro *Cooperativa dos Vendedores Autônomos do Parque do Ibirapuera. O Passo a Passo de uma História de Sucesso* (Elsevier, 2012), de Mônica Dallari, com prefácio de Paul Singer. Sem saber lidar com a situação, o então marido, pai de seus quatro filhos, deu três tiros nela. A partir daquele dia, ela percebeu que sua vida tinha mudado completamente, mas soube levar adiante uma formidável experiência de melhorar extraordinariamente a vida de mais de 105 famílias de cooperadas e cooperados que perdura até hoje.

Anderson, Darci e Robson

Para assegurar o respeito à dignidade da população em situação de rua, cada vez maior, mantenho diálogo constante com o Anderson Lopes

Miranda, do Movimento Nacional da População em Situação de Rua, que trabalhou comigo quando fui Secretário de Direitos Humanos do governo Fernando Haddad e também vereador; com o Coordenador Nacional Darci Costa; e com o presidente do Movimento Estadual da População de Rua, Robson Mendonça.

Em 2019, Darci Costa convidou-me para fazer uma exposição sobre a Renda Básica de Cidadania Universal e Incondicional para cerca de sessenta moradores em situação de rua na sede do Centro de Inclusão pela Arte, Cultura, Educação e Trabalho (Cisarte), no Viaduto Pedroso, em São Paulo. Após uma hora e meia de diálogo, me disseram: "nós queremos enviar uma carta ao Presidente da República e ao Congresso Nacional dizendo que queremos que logo seja implantada a RBC". E assim o fizeram.

O gabinete da Presidência recebeu a carta, encaminhando-a ao então ministro Osmar Terra, da Cidadania, que a enviou ao Secretário de Desenvolvimento Social, que enviou um parecer informando que ainda não seria possível implantar a Renda Básica Universal. Entretanto, não foi o que o Supremo Tribunal Federal avaliou ao julgar o mandado de injunção encaminhado pela Defensoria Pública da União do Rio Grande do Sul. O STF determinou que o governo federal, em 2022, pague a todas as pessoas em condição de pobreza extrema e pobreza absoluta uma Renda Básica de Cidadania, o primeiro passo até que se torne Universal e Incondicional.

Janaína Xavier

Janaína Xavier é líder comunitária no trabalho de redução de danos e apoio à população em situação de rua na Cracolândia. Nascida em Além Paraíba (MG), em 1980, seus pais trabalhavam na roça. Mudaram-se para Barra Mansa, onde fez seus estudos primários. Aos quinze anos veio para São Paulo, onde trabalhou em casas de família e no Hospital Albert Einstein, assistindo uma senhora de 77 anos. Nessa época, teve a sua primeira filha, que hoje vive na Cracolândia. Mãe de nove filhos naturais, mais cinco adotados, ex-usuária de drogas, conhece de perto a realidade das pessoas que vivem na região bastante degradada, onde mora há mais de uma década. Sua última filha, Valentina, nasceu em agosto de 2020. Ela é integrante do Comitê Intersetorial da Política Municipal para a População em Situação de Rua, o PopRua. Mesmo morando em uma ocupação e sofrendo constantes ameaças de despejo, ela segue ajudando a distribuir cestas básicas à população carente durante a pandemia e, quando sobra algum recurso, ela mesma é quem cozinha e distribui as quentinhas. É uma pessoa com potencial muito grande para ajudar na resolução tão difícil dos problemas dos envolvidos com o uso problemático de drogas.

Mara Lúcia Sobral

Mara Lúcia Sobral é presidenta da Cooperativa de Catadores da Granja Julieta e mãe de 23 filhos próprios e adotados. Em dezembro de 2008, ela me procurou, após um incêndio por causas desconhecidas no espaço em que trabalhavam, na Granja Julieta, que impediu a continuidade da atividade no local. À cooperativa, que abrigava à época cerca de sessenta catadores, a maioria de mulheres negras, mães, chefes de família, foi garantido, pela prefeitura de São Paulo, um terreno no bairro de Santo Amaro, mas a construção nunca ocorreu. Na administração de João Dória na Prefeitura de São Paulo, houve a diminuição pela metade do volume de material para reciclagem, praticamente, inviabilizando a existência do serviço. A coleta de material para reciclagem é disputada por grandes empresas. Regularizada, a cooperativa poderá receber novamente o volume de dez toneladas semanais em novo local, mais adequado para o trabalho importante das mulheres que integram a entidade. A luta dos integrantes da cooperativa é antiga e cheia de percalços. Por muito tempo, a entidade ocupou lugares provisórios até que em 2013, após várias denúncias e queixas, a Cooperativa Granja Julieta recebeu novas promessas da prefeitura para ganhar um local definitivo e adequado.

Débora Maria da Silva

Débora Maria da Silva é fundadora do Movimento Independente Mães de Maio, que denuncia e apura, de forma independente, casos de violência policial em São Paulo e no Brasil, além de acolher e dar suporte a mães que perderam seus filhos pela violência policial. Débora decidiu liderar a fundação do movimento Mães de Maio após policiais militares assassinarem seu filho, o gari Edson Rogério Silva dos Santos, de 29 anos, em um posto de gasolina na cidade de Santos. O homicídio ocorreu em 15 de maio de 2006, no contexto de uma série de assassinatos promovidos pela polícia, conhecidos como Crimes de Maio. Desde 2006, mantenho uma interação muito próxima com Débora e as Mães de Maio, sobretudo para fortalecer o trabalho de acolhimento de mães e familiares de vítimas do Estado, e para mudarmos esse cenário de violência policial que expõe e mata jovens negros e periféricos. Atualmente, temos em trâmite na Câmara Municipal um projeto de lei que institui a Lei "Mães de Maio" para que o município de São Paulo possa garantir, em sua rede, o suporte jurídico e psicossocial a mães e familiares de vítimas da violência do Estado.

Maria Railda da Silva

Maria Railda da Silva coordena a AMPARAR - Associação de Amigos e Familiares de Presos, organização que atua contra a violência do sistema prisional do Estado de São Paulo. Desde 2017, tenho uma interação muito intensa com Railda para denunciar a violência nos presídios e garantir oportunidades às pessoas quando deixam o cárcere. Graças a essa interação, construímos um projeto de lei que proporciona a chance de os egressos do sistema penitenciário obterem trabalho.

PAÇOQUINHA

Ao anunciar minhas férias, postei um vídeo de um minuto nas redes sociais, gravado pela Mônica, comendo paçoquinha. O vídeo viralizou e me diverti bastante. Passei a gostar ainda mais de paçoquinha.

PRESO

No dia 25 de julho de 2016, uma segunda-feira, fui chamado logo cedo por moradores da Comunidade de Cidade Educandário, na região da Rodovia Raposo Tavares, Zona Oeste de São Paulo. A Polícia Militar ameaçava promover uma reintegração de posse e despejar 350 famílias que há pelos menos três anos viviam no local. Num clima tenso, a Tropa de Choque tinha jogado bombas de gás lacrimogêneo e de efeito moral contra os moradores, que reagiam atirando pedras. Quando cheguei, numa situação de confronto bastante acirrada, logo recebi a ordem do comandante da operação para que eu me retirasse do local a fim de ser realizada a reintegração.

Ao observar que os PMs avançavam morro acima, com escudos na mão esquerda, cassetetes na direita e armas na cintura, temi pelos moradores. Numa tentativa de resistir, pais, mães e crianças começaram a empurrar os escudos. Diante de policiais tão fortemente armados, pressenti que poderia haver grave conflito, com resultado gravíssimo, caso se concretizasse a ação. Naquele momento, num impulso, senti que a única reação possível era eu me deitar no chão. Foi o que fiz, seguido por moradores, especialmente mulheres, que estavam na linha de frente. Uma inclusive esticou os pés para que eu apoiasse a minha cabeça.

Imediatamente, a oficial de justiça pediu que eu me levantasse. Respondi que não o faria, porque era discípulo de Mahatma Gandhi e Martin Luther King Jr. e contrário ao uso de violência. "Se quiserem,

me levem". Ao não acatar o comandante da operação para que desobstruísse a passagem, recebi uma ordem de prisão e acabei sendo detido por quatro policiais militares, que me carregaram até a viatura. Até hoje sinto uma dor no braço por terem me segurado de mal jeito. No 75º Distrito Policial prestei depoimento e fui liberado.

Em 29 de junho de 2017, compareci a uma audiência na 1ª Vara Criminal do Fórum de Pinheiros para responder ao suposto crime de desobediência que teria cometido no dia da reintegração de posse. Para que um processo criminal não fosse aberto contra mim, concordei com a proposta de transação penal oferecida pelo Promotor de Justiça do caso, tendo pagado a quantia de R$ 2.811,00 ao Fundo Penitenciário do Estado de São Paulo.

CARTILHA DO ZIRALDO

Em algumas ocasiões de minha atuação como senador, fui brindado pelo Ziraldo, um dos mais talentosos cartunistas brasileiros com uma charge dele, muito bem-humorada. E sempre tive com ele muita afinidade. Certo dia, em 2010, sugeri a ele que criasse uma cartilha didática em que o "Menino Maluquinho" e outras personagens explicassem de maneira didática o que é a Renda Básica de Cidadania. Eis que ele, com a maior boa vontade, de forma voluntária e entusiástica produziu uma formidável cartilha, "Uma História Feliz", que solicitei que fosse impressa pelo Senado Federal, em junho de 2010, em português, espanhol e inglês, com a produção de Arte: Megatério Estúdio de Criação e Arte; Redação: Ziraldo, Gustavo Luz e Miguel Mendes; Ilustrações Miguel Mendes e Marco Antônio J. Ferreira; Cores e Design Gráfico: Fábio Tenório Ferreira; www.megatério.com.br.

A cartilha teve enorme sucesso. Tanto entre os senadores, os deputados federais, as crianças, os estudantes e o público em geral. Nos lugares onde fazia palestras, nas escolas, faculdades e universidades, todas as pessoas elogiavam a forma como a cartilha explica a Renda Básica de Cidadania e como ela significará uma transformação tão profunda na qualidade de vida de todas as pessoas, sobretudo por promover maior dignidade e liberdade a cada uma. Agradeço imensamente ao Ziraldo por sua colaboração e parceria.

A Renda Básica de Cidadania irá garantir a todos os brasileiros e brasileiras o direito de partilhar da riqueza produzida pela nação, especialmente a população indígena.

RESPEITO AOS DIREITOS DA
POPULAÇÃO LGBTQIA+

Em 5 de junho de 2008, o Exército decidiu transferir o sargento Laci Marinho de Araújo de São Paulo, preso durante a madrugada, para um Hospital Geral de Brasília. A detenção ocorreu após sua participação no programa Super-Pop, da apresentadora Luciana Gimenez, da Rede TV, episódio no qual apareceu ao lado de seu companheiro, o também sargento Fernando Alcântara de Figueiredo. Laci, que se assumiu homossexual, foi algemado e levado de avião à Brasília, onde foi agredido. Os dois haviam dado entrevista à revista *Época* informando que tinham uma relação estável há dez anos.

Fui então avisado pelos advogados do Condepe, Franscisco Lúcio França e Ariel de Castro. Fernando estava sozinho na base aérea. Foi quando o chamei no celular. Avisei-o para vir ao meu gabinete no Senado. Ele veio. Vestiu um terno que eu guardava de reserva no gabinete, um tanto grande para ele. O segurança do plenário não o deixou entrar. Ele teve uma crise de choro. A Senadora Fátima Cleide (PT-RO) e a Deputada Cida Diogo (PT-RJ) vieram ao meu gabinete. Ambos estavam sendo perseguidos e se tornaram símbolos da causa dos homossexuais contra a discriminação. O Exército sustentava que haviam cometido crimes de deserção, enquanto os sargentos alegavam perseguição devido à orientação sexual. Presidi a instalação de um grupo de trabalho na Comissão de Relações Exteriores e Defesa Nacional do Senado, com participação da Senadora Serys Slhessarenko (PT-MT) e

O sargento Fernando Alcântara de Figueiredo com a mãe, a irmã e a sogra, em visita ao meu gabinete do Senado.

José Nery (PSOL-PA), para assegurar o respeito aos direitos humanos e dialogar com o Exército e o Ministério da Defesa uma possível solução. Em 2009, o casal fundou o Instituto Ser de Direitos Humanos e da Natureza, que trabalha com casos de perseguição no Exército. Eles pediram aposentadoria do Exército em 2012, ano em que o STF equiparou os direitos entre casais heterossexuais e homoafetivos. Em 2015, o STF determinou a retirada dos termos "pederastia" e "homossexual" do Código Penal Militar.

No livro *Soldados não choram: a vida de um casal homossexual no Exército do Brasil*, publicado pela Editora Globo em 2008, Fernando Alcântara Figueiredo relata a vida com seu companheiro Laci e os desdobramentos da revelação pública de sua homossexualidade. Descreve a perseguição homofóbica da qual ambos foram vítimas e a forma como lutaram dignamente por sua sobrevivência e por respeito.

HONORIS CAUSA

Em fevereiro de 2016, ano em que se comemorou os 500 anos da publicação de "Utopia", por Thomas More, recebi o título de Doutor Honoris Causa da Universidade Católica de Louvain, na Bélgica, pela minha persistente e incansável dedicação à implantação da Renda Básica de Cidadania, Universal e Incondicional.

LADOS OPOSTOS

Ao longo de 24 anos, enfrentei muitos embates, em especial com o ex-deputado Roberto Jefferson (PTB-RJ), tanto na CPI do CPI de PC Farias, que derrubou o presidente Fernando Collor de Mello, como na dos Correios. No dia 5 de agosto de 2005, depois de eu lhe entregar uma reportagem com a comprovação de que não estava falando a verdade, Jefferson se irritou profundamente, pegou o papel e rasgou, sendo advertido pela mesa. A sessão foi suspensa e quando retornou dez minutos depois voltei a inquiri-lo e ouvi o seu lamento. "A marca mais dura que tenho no meu coração, Vossa Excelência fez", lembrou, ao dizer que foi acusado de "corrupto" por defender o governo Collor. Continuamos em lados opostos. A charge, publicada na primeira página de *O Globo* é do cartunista Chico Caruso.

POR QUE CANTAR

Tantas vezes ao longo de minha vida de professor, de político, em conferências, comícios, entrevistas, na tribuna do Senado, nas mais diversas solenidades, avaliei que seria bom expressar o meu sentimento através de poemas e canções que dizem muito ao povo, o que desejamos expressar e que costumam ser muito bem aceitas para reforçar nossos argumentos.

A canção que mais me pedem para cantar é *Blowin'in the Wind*, de 1963, de autoria do cantor Bob Dylan, Prêmio Nobel de Literatura, que se tornou um hino de protesto pela paz, contra a Guerra do Vietnã (1959 a 1975), nos Estados Unidos. Mais tarde também foi usada contra as guerras do Golfo e do Iraque. Com tantas guerras pelo mundo, *Blowin' in the Wind* é mais atual do que nunca!

Em 2012, tive a oportunidade de conhecer Bob Dylan na apresentação que fez em abril de 2012, em Brasília. Infelizmente, ele não cantou *Blowin'in the Wind*. O encontro aconteceu após o show no Ginásio Nilson Nelson, em Brasília. Fui convidado pela produtora da turnê para ir ao backstage para ser apresentado ao cantor. Eu transmiti a ele a minha principal batalha, a da Renda Básica de Cidadania. Conversamos por cinco minutos e dei meu livro *Renda de Cidadania: a saída é pela porta*, um texto em inglês, duas palestras recentes em vídeo e o relatório da minha viagem ao Iraque, em 2008. Bob Dylan foi muito amável e agradeceu pelos presentes. Dias depois, o cantor voltou a se apresentar em São Paulo e fui assistir. Novamente, ele não tocou a minha música preferida, *Blowin' in the Wind*, mas o show valeu a pena.

Blowin' in the Wind

How many roads must a man walk down
Quantas estradas precisará o homem percorrer
Before you call him a man?
Até que ele seja chamado de homem?
How many seas must a white dove sail
Quantos mares precisará a gaivota branca navegar
Before she sleeps in the sand?
até que ele possa descansar na areia?
Yes, and how many times must the cannon balls fly
Quantas vezes precisarão as balas de canhão ser lançadas
Before they're forever banned?
Até que sejam banidas para sempre?
The answer, my friend, is blowin' in the wind
A resposta, meu amigo, está sendo soprada pelo vento
The answer is blowin' in the wind
A resposta está sendo soprada pelo vento
Yes, and how many years must a mountain exist
Quantos anos precisará uma montanha existir
Before it is washed to the sea?
Até que ela seja levada para o mar?
And how many years can some people exist
Quantos anos precisará um povo existir
Before they're allowed to be free?
Até que ele alcance a liberdade?
Yes, and how many times can a man turn his head
Quantas vezes pode um homem virar seu rosto
And pretend that he just doesn't see?
Fingindo que não vê as coisas?
The answer, my friend, is blowin' in the wind
A resposta, meu amigo, está sendo soprada pelo vento
The answer is blowin' in the wind
A resposta está sendo soprada pelo vento
Yes, and how many times must a man look up
Quantas vezes o homem precisará olhar para cima
Before he can see the sky?
Até que finalmente possa ver o céu?

And how many ears must one man have

Quantos ouvidos precisará o homem ter

Before he can hear people cry?

Até que finalmente possa ouvir as pessoas chorarem?

Yes, and how many deaths will it take 'til he knows

Sim, e quantas mortes precisará haver até se perceber

That too many people have died?

Que pessoas demais morreram?

The answer, my friend, is blowin' in the wind

A resposta, meu amigo, está sendo soprada pelo vento

The answer is blowin' in the wind

A resposta está sendo soprada pelo vento

REFERÊNCIAS BIBLIOGRÁFICAS

ANDUJAR, Claudia. *A vulnerabilidade do ser.* São Paulo: Pinacoteca, 2005.

BROW, Mano; ROCK, Edi; BLU, Ice; JAY, KL. *Racionais MC'S.* São Paulo: Companhia das Letras, 2018.

CARVALHO, Herbert. *Alguma coisa acontece...*: a cidade de São Paulo em 22 depoimentos. São Paulo: Senac, 2005.

CORTELLA, Mario Sergio. *Pensar bem, nos faz bem.* Curitiba: Vozes, 2013.

CORTELLA, Mario Sergio; RIBEIRO, Renato Janine. *Política para não ser idiota.* Campinas: Papirus, 2010.

DALLARI, Mônica. *Cooperativa dos vendedores autônomos do Parque Ibirapuera*: o passo a passo de uma história de sucesso. São Paulo: Elsevier, 2013.

KOTSCHO, Ricardo; VENTURA, Zuenir; GRAZIANO, José; LOBO, Narciso; GABEIRA, Fernando; BETTO, Frei; ALENCAR, Kenned; BOFF, Leonardo. *Viagem ao coração do Brasil.* São Paulo: Página Aberta, 1994.

MANSO, Bruno Paes; DIAS, Camila Nunes. *A guerra*: a ascensão do PCC e o mundo do crime no Brasil. São Paulo: Todavia, 2019.

MARTINHO, Erazê. *Carlito Maia*: a irreverência equilibrista. São Paulo: Boitempo, 2003.

MENDONÇA, Duda. *Casos e coisas.* São Paulo: Globo, 2001.

PARIJS, Philippe Van; VANDERBORGHT, Yannick. *Renda Básica*: uma proposta radical para uma sociedade livre e economia sã. São Paulo: Cortez, 2018.

PEZZOTTI, Luiza. *Marjorie, por favor.* São Paulo: Editora da PUC, 2018.

REIMÃO, Sandra; CRENI, Gisela. *Caio Graco e a Editora Brasiliense.* São Paulo: Biblioteca Brasiliana Guita e José Mindlin, 2020.

SANTOS, Aline Mendonça dos; NASCIMENTO, Claudio. *Paul Singer:* democracia, economia e autogestão. Marília: Lutas Anticapital, 2018.

STYGER, Mauricio. *Topa tudo por dinheiro:* as muitas faces do empresário Silvio Santos. São Paulo: Todavia, 2018.

SUPLICY, Eduardo Matarazzo. *Compromisso.* São Paulo: Brasiliense, 1978.

SUPLICY, Eduardo Matarazzo. *Da distribuição da renda e dos direitos a cidadania.* São Paulo: Brasiliense, 1988.

SUPLICY, Eduardo Matarazzo. *Programa de Garantia de Renda Mínima.* Senado Federal, 1992.

SUPLICY, Eduardo Matarazzo. *Renda Básica de Cidadania:* a resposta dada pelo vento. São Paulo: L&PM, 2006.

SUPLICY, Eduardo Matarazzo. *Renda de Cidadania:* a saída é pela porta. São Paulo: Cortez, 2002.

SUPLICY, Eduardo Matarazzo. *Um notável aprendizado:* a busca da verdade e da justiça do boxe ao senado. São Paulo: Futura, 2007.

ZIRALDO. *Uma história feliz:* RBC - A Renda Básica de Cidadania. Gabinete do Senador Eduardo Suplicy: Editora Megatério, 2010.

Sites consultados

BBC Brasil

Brasil 247

Brasil de Fato

Brava Gente

Caros Amigos

Carta Maior

CPDOC

CUT

El País

Estado de S. Paulo

Folha de S.Paulo

Fórum

Jornal do Brasil

Jornal Sem Terra

MST

Nexo Jornal

REFERÊNCIAS BIBLIOGRÁFICAS

O Globo

Partido dos Trabalhadores

Piauí

Politize

Revista Época

Revista Exame

Revista Isto É

Revista Isto É Gente

Revista Veja

Teoria e Debate – Fundação Perseu Abramo

CRÉDITO DAS FOTOS

Arquivo pessoal
p. 14, 20, 36, 38, 41, 43, 44a, 44b, 46,
47, 49, 51, 55, 57, 63, 69, 86, 91, 94,
104, 105, 110, 139, 142, 146, 148, 149,
150, 152a, 152b, 155, 159, 160, 164,
166, 173, 178, 187, 194, 195, 199b,
201, 203, 213, 220, 223, 225, 230, 235a,
235b, 237a, 237b, 239, 240, 252

Autoria desconhecida
p. 72, 87, 88, 119, 132, 135, 136, 174,
175, 197, 234a, 249

Cynthia Barros
p. 26

Gloria Flugel
p. 52

FolhaPress
p. 77, 84, 122, 125, 247

FolhaPress, João Wainer
p. 189

Divulgação
p. 81, 194

Giuliano Magnelli
p. 92

Ricardo Stuckert
p. 144, 227, 228

Estadão Conteúdo, José Paulo Lacerda
p. 168

Estadão, Protásio Nene
p. 170

Estadão Conteúdo, Gabriela Biló
p. 176

Fernanda Lohn
p. 179, 180, 190, 191, 251

Agência Senado
p. 182

Congresso em Foco
p. 198, 199a

Facsimile
p. 202, 206

Cátia Seabra
p. 211

Giuliano Magnelli
p. 238, 239

Elineudo Meira
p. 232, 254a, 254b, 257

Youtube
p. 245

ÍNDICE ONOMÁSTICO

A Editora Contracorrente se preocupa com todos os detalhes de suas obras! Aos curiosos, informamos que este livro foi impresso no mês de dezembro de 2021, em papel Pólen Soft 80g, pela Gráfica Grafilar.